A revolução das MÍDIAS SOCIAIS

ANDRÉ TELLES
Pioneiro em Social Media Marketing no Brasil

A revolução das MÍDIAS SOCIAIS

Estratégias de marketing digital para você e sua empresa terem sucesso nas mídias sociais

Cases, Conceitos, Dicas e Ferramentas

Nova edição
Revista e Atualizada

M.BOOKS

M.Books do Brasil Editora Ltda.

Rua Jorge Americano, 61 - Alto da Lapa
05083-130 - São Paulo - SP - Telefones: (11) 3645-0409/(11) 3645-0410
Fax: (11) 3832-0335 - e-mail: vendas@mbooks.com.br
www.mbooks.com.br

Dados de Catalogação na Publicação

Telles, André.
A Revolução das Mídias Sociais. Cases, Conceitos, Dicas e Ferramentas/André Telles

2011 – São Paulo – M.Books do Brasil Editora Ltda.

1. Marketing 2. Mídias Sociais 3. Tecnologia

ISBN: 978-85-7680-095-8

Editor
Milton Mira de Assumpção Filho

Produção Editorial
Lucimara Leal

Colaboração na revisão e atualização
Eloy Vieira

Coordenação Gráfica
Silas Camargo

Editoração
Crontec

Capa
Mentes Digitais

2ª edição
2011
M.Books do Brasil Editora Ltda.

Agradeço muito a Deus, aos meus queridos pais e irmãos, aos meus amigos on e off-line e à luz da minha vida – minha filha Melanie.

Apresentação

A ideia de rede social começou a ser usada há cerca de um século para designar um conjunto complexo de relações entre membros de um sistema social a diferentes dimensões. A partir do século XXI, surgiram as redes sociais na internet, e, do ponto de vista sociológico, permanecem os mesmos conceitos. A revolução das mídias sociais aconteceu sem se derramar uma gota de sangue, diferentemente da revolução francesa.

Os empresários já veem a importância de se contratar profissionais especializados ou consultores para treinar suas equipe internas com o objetivo de gerenciar suas contas nos ambientes sociais. Este livro mostra uma realidade em que o profissionalismo do marketing nas plataformas digitais atingiu parâmetros fundamentais dentro do contexto estratégico das empresas e que as mídias sociais não podem ser delegadas ao menino que "sabe mexer no Orkut" ou ao estagiário recém-chegado na empresa.

As estratégias de *social media marketing* citadas neste livro são importantes quando também existem estratégias para estabelecer uma boa presença digital pela empresa. Na internet, a conversão em resultados efetivos é gerada pelo conjunto de um site com boa navegabilidade e usabilidade, design do site e da comunicação digital, e-mail marketing, search marketing, banners, mobile marketing, entre outras formas de presença digital, que não são temas específicos deste livro. O foco do livro *A Revolução das Mídias Sociais* está em entender especificamente conceitos, mostrar cases, dicas e ferramentas de mídias sociais.

Sob a ótica do marketing, as plataformas de redes sociais ou de sites de relacionamento social estão inseridas no contexto das mídias sociais. As estratégias de *social media marketing* são uma das estratégias do marketing nas plataformas digitais, o qual está dentro do grande guarda-chuva do marketing, de pensadores modernos como Kotler, Al Ries, Seth Godin, Pierre Levi, Jay Conrad Levinson, Jack Trout, Peter Drucker, entre outros, que citarei em pensamentos breves, nos chamados "drops de marketing", ao longo do livro.

De tempos em tempos a humanidade se vê diante de desafios para migrar sua herança cultural e sua produção de conhecimento, cada vez mais complexa, para novas bases e suportes tecnológicos da inteligência, que desenvolvemos em determinados momentos históricos de nossa caminhada civilizatória. Algumas tecnologias da inteligência causam impacto profundo e alteram significativamente o modo como produzimos e tratamos as informações e nossas diversas representações no mundo físico e social, este é o caso das mídias sociais.

Sumário

Prefácio Legal

Geralmente os prefácios são chatos, muito blablablá e todo mundo costuma ir logo para o primeiro capítulo, que é o que interessa. É, eu sei, mas prometo que este será legal, o mais objetivo e sincero possível. Vamos conversar. Quando li o primeiro livro do André Telles em 2005, o *Orkut.com*, notei algo diferente dos livros que eu costumava ler. A linguagem objetiva, característica marcante do autor, me fez conhecer um lado que, mesmo já trabalhando há anos com internet, não havia enxergado ainda. Considero Telles um visionário no segmento, o primeiro profissional no Brasil a escrever sobre mídias sociais. Em 2008, André lançou seu segundo livro, *Geração Digital*, o qual fazia com que o marketing digital parecesse fácil, adotando aquela mesma filosofia do *quanto mais simples, melhor*, e mostrando de forma global um pouco sobre essa nova tendência mundial do marketing.

Quando fui convidado para escrever este prefácio, fiquei honrado e procurei escrevê-lo de maneira similar à conversa de MSN, algo informal, um bate-papo. Para mim, não adianta tentar demonstrar no prefácio meu conhecimento, com uma série de estatísticas que hoje, com certeza, já estarão ultrapassadas, ou ficar comentando algo que vocês lerão a seguir. Acho mais interessante conversar. Se você comprou este livro com o objetivo de entender o que são redes sociais e mídias sociais, ótimo! Siga em frente, é o caminho. Agora, se você já conhece sobre o tema e comprou o livro com o objetivo de *aprender mais* e se aprofundar no assunto, parabéns! Você é uma exceção. “Mas por que eu sou uma exceção?”, você deve estar se perguntando. É simples, todo usuário que mexe com o Twitter ou o Orkut pode se achar analista de mídias sociais, assim como alguns anos atrás outros usuários mexiam no Front Page e se achavam webmasters, ou mexiam no Corel e no Photoshop e se achavam designers. Enfim, no nosso país isso é normal, afinal de contas quem não se acha técnico de futebol? O que eu quero transmitir é que a grande batalha dos publicitários e profissionais de marketing é controlar o ego. A humildade é fator fundamental para um profissional de mídias sociais. Muitas vezes, é necessário ter muita sensibilidade para enfrentar os desafios da área. Não tem moleza. Eu trabalho há muitos anos com mídias sociais e já tive de resolver muitos problemas em que, se eu não tivesse essa tal "humildade", poderia ter levado muitas marcas ao fracasso.

Costumo dizer que em meses as mídias sociais podem te levar ao sucesso, porém em segundos podem te levar ao fracasso. Então é preciso ter muito cuidado e responsabilidade. Aquela história de "meu sobrinho faz pra mim" já era. Agora a dimensão é outra, ou faz certo ou é melhor não fazer. Muitos acham que já sabem tudo e não buscam aprender mais, se você está aqui, mesmo que se identifique com o perfil citado acima, seja bem-vindo, está no caminho certo, a vontade de aprender cada dia mais. Este livro mostra, sem enrolação, a essência das mídias sociais e seu trabalho na prática. Um analista de mídia social deve procurar conhecer a fundo a especialidade que vai trabalhar, mapear os canais onde irá atuar, planejar, criar ações de interação, monitorar, porém, antes de tudo, é necessário entender de cultura, psicologia, sociologia, antropologia, e ser um bom redator. Deve ser um mestre em pessoas, pois mídia social é isso, relacionamento. Prepare-se para entrar em um universo digital cada vez mais real. Compartilhe e pense digital! ***Beijo me segue. @gabrieleite.***

Gabriel Leite – CEO Mentes Digitais. *Publicitário, pós-graduado em Marketing Digital. Já participou de diversas campanhas em mídias sociais e trabalha com projetos ligados à internet há mais de dez anos.*

Introdução

Vivemos um momento da História no qual a mudança é tão veloz que só começamos a ver o presente quando ele está quase desaparecendo. Para acompanhar as novas tecnologias, é necessário fazer um esforço e um filtro daquilo que realmente vai perdurar e daquilo que será passageiro. As novas mídias, como eram chamadas as mídias sociais há um tempo, vieram para ficar, agora quais dessas mídias terão futuro? Quais desaparecerão tão rápido quanto apareceram? Posso citar o Second Life, que, quando surgiu, parecia que viveríamos em um mundo de Avatares, e aqui no Brasil nunca foi para a frente, ou mesmo o Google Wave. Vou focar este livro na realidade brasileira, afinal o Google não é o maior mecanismo de busca da China, nem o Orkut é a maior rede social dos Estados Unidos, mas são os dois sites mais acessados no Brasil. As mídias sociais fazem parte de uma revolução poderosa, influenciam decisões, perpetuam ou destroem marcas e elegem presidentes.

Precisamos padronizar as definições de redes sociais e mídias sociais na internet. Será ótimo para o mercado e para o meio acadêmico. Em 2005, época do meu primeiro livro (o *Orkut.com*), as mídias sociais eram enquadradas na categoria das novas mídias e as redes sociais eram chamadas de sites de relacionamento. Normalmente se coloca todas as mídas sociais dentro da mesma cesta. O Twitter, por exemplo, é um microblogging que pode formar várias redes sociais dentro do mesmo sistema. Já o YouTube é um site de compartilhamento de vídeos que, raramente, pode formar uma rede social. Dentro de diversas mídias sociais podem se formar redes sociais. É importante observar o foco da plataforma social para bem enquadá-la. Veja como eram as definições em 2005 e em 2010 nos EUA:

NEW MEDIA (2005)	→	SOCIAL MEDIA (2010)
RELATIONSHIP SITE	→	SOCIAL NETWORKING (2010)

Várias pessoas confundem os termos *redes sociais* e *mídias sociais*, muitas vezes usando-os de forma indistinta. Eles não significam a mesma coisa. O primeiro é uma categoria do último.

Sites de relacionamento ou redes sociais são ambientes cujo foco é reunir pessoas, os chamados membros, que, uma vez inscritos, podem expor seu perfil com dados como fotos pessoais, textos, mensagens e vídeos, além de interagir com outros membros, criando listas de amigos e comunidades.

Sendo assim:

Facebook, Orkut, MySpace, entre outros =
redes sociais ou, como se chamava em 2005, sites de relacionamento.

Twitter (microblogging), YouTube (compartilhamento de vídeos), SlideShare (compartilhamento de apresentações), Digg (agregador), Flickr (compartilhamento de fotos), entre outros + redes sociais = mídias sociais ou, como se chamava em 2005, novas mídias.

As quatro regras básicas para você ou sua empresa nas mídias sociais são:

1. Mídias sociais quer dizer permitir conversações.
2. Você não pode controlar conversações, mas você pode influenciá-las.
3. Seja social nas mídias sociais. Sua empresa não pode falar apenas dela mesma. Construa relacionamentos, dê respostas rápidas, seja honesto e sincero, e lembre-se de que as mídias sociais são um diálogo, não um monólogo.
4. O uso do texto nas mídias sociais deve ser de acordo com a linguagem do target. Sempre lembrando no planejamento se a forma de comunicação vai ser formal, informal ou intermediária.

Neste livro você terá uma visão aprofundada das maiores mídias sociais do Brasil, e como tirar proveito de cada uma delas e do conjunto delas, pois a integração das mídias sociais está cada dia mais presente. Você terá cases, conceitos, dicas, ferramentas, táticas e estratégias para ter sucesso no universo das mídias sociais.

As mídias sociais são sites na internet construídos para permitir a criação colaborativa de conteúdo, a interação social e o compartilhamento de informações em diversos formatos.

Para se ter uma noção do poder das mídias sociais, repare nesses números impressionantes:

- Aproximadamente 152 milhões: Número de blogs existentes na internet (fonte Blog Pulse);
- O Brasil é o 2° em usuários no Youtube, Gmail e Twitter. E o 1ª em usuários na rede social Orkut do Google e no comunicador instantâneo MSN da Microsoft.
- 90 milhões: número de tweets no Twitter por dia, sendo que 25% deles contêm links (Fonte: Techcrunch, setembro 2010);
- O Twitter registrou mais de 100 milhões de novas contas só em 2010 (dezembro, G1)
- 500 mil: Número de aplicativos ativos no Facebook;
- 700 bilhões: número de minutos que as pessoas do mundo todo passam por mês no Facebook (sala de imprensa do Facebook, dezembro 2010);
- Mais de 200 milhões de pessoas usam o Facebook em dispositivos móveis;
- 5 bilhões: Fotos hospedadas no site de compartilhamento Flickr;
- 3,6 bilhões: Novas fotos no Flickr em um mês;
- O Google comprou o YouTube, um site de compartilhamento de vídeos, por US$ 1,65 bilhões;
- 2 bilhões: Média de vídeos exibidos no YouTube em um dia;
- No Brasil, mais de 85% dos internautas participam de alguma mídia social.

Esses números definem o cenário e a importância das mídias sociais. Mais do que isso, apontam a importância de se desenvolver uma estratégia para a captação e utilização dessas poderosas redes. O marketing digital não é absoluto, sou a favor da integração das mídias, também chamada de *cross media*. O que você vai observar neste livro é que a comunicação tradicional não sobreviverá se não for integrada às novas tecnologias. O **social media marketing** relaciona-se bem de perto com o **"branding"** (esforço da marca para atrair credibilidade, efeito memória e permanência junto ao mercado). A integração e proximidade dos conceitos de *branding* e *social media marketing* já é uma realidade, agora é o momento de acrescentar os elementos psicológicos, como a personalidade e a alma da marca; o branding soul.

Personalidade é uma alma única e autêntica, e as pessoas se apaixonam por marcas com estas características. Além das características psicológicas da marca, em algumas mídias sociais, como o Twitter, algumas marcas já humanizaram seus perfis, identificando quem é a pessoa que está responsável naquele momento pelos tweets, citando quem é a @Dell que está tweetando.

Redes sociais, microbloggings, blogs, sites de compartilhamento de foto e vídeo são ótimas maneiras de mostrar a alma de uma marca. Pensar em quais adjetivos poderiam ser utilizados para definir uma marca é um ótimo exercício. Definidos os adjetivos que caracterizam a marca, o ideal é se traçar um planejamento estratégico definindo o tipo de linguagem que será utilizado para gerar conteúdo e relacionamento. Marcas com alma contam histórias e geram engajamento.

Atentar para o *consumer generated media*, a mídia gerada pelo consumidor, e sobre como as empresas devem usar o branding soul com esse consumidor são análises que devem ser feitas no processo de humanização das marcas. A Nike é um exemplo de uma marca com uma identidade própria, facilmente reconhecida, ligada a esportes de alto rendimento associada a mensagens com entretenimento. As mensagens da Nike também são semeadas nos locais corretos e viralizadas rapidamente.

Conteúdo gera conversação. Nas mídias sociais, conteúdo relevante gera reputação. Reputação gera seguidores no Twitter, amigos no Facebook, visualizações de fotos no Flickr, perguntas no Formspring, check-ins no Foursquare e vídeos exibidos no YouTube, o que proporciona mensagens retransmitidas. Além de divulgar suas impressões sobre os produtos e serviços, cerca de 80% dos blogueiros comentam sobre as marcas que amam.

As comunidades das mídias sociais apresentam fóruns de discussão e as mensagens nesses fóruns permanecem armazenadas indefinidamente, são excelentes fontes de pesquisa para ações de marketing. Praticamente uma pesquisa qualitativa gratuita. Se você já deu uma folheada neste livro e já sabe quais são os assuntos que mais lhe interessam, ótimo! A leitura não linear é uma característica de quem está acostumado com a internet, de quem quer velocidade e tem o raciocínio rápido. Para exemplificar a leitura não linear, posso citar os hipertextos da internet. Por hipertexto entende-se a escrita de texto não sequencial, que permite ao usuário fazer a conexão entre informações e documentos por meio de palavras que contêm ligações com outros textos (hiperlinks), em um processo semelhante ao funcionamento do nosso cérebro.

Espero que cada link, cada capítulo, seja uma leitura proveitosa para você.

Busque no YouTube o vídeo *Social Media Revolution 2 - Refresh.*

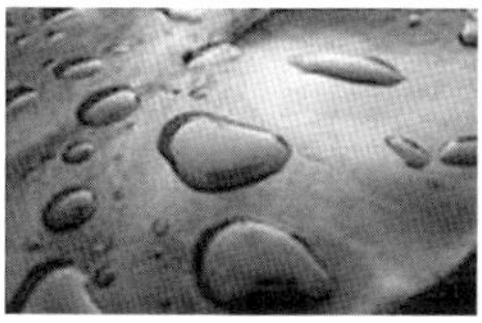

DROPS DE MARKETING "A meta do marketing é conhecer e entender o consumidor tão bem, que o produto ou serviço se molde a ele e se venda sozinho."

Peter Drucker

1

Sites de Compartilhamento de Vídeos

Quando se trata de vídeo, quanto mais curto melhor. As pessoas não vão se sentar por dez minutos para assistir ao seu vídeo. Os vídeos não devem ser muito longos. A experiência mostra que o ideal são vídeos de até três minutos. Vídeos maiores devem ser reservados para o conteúdo educacional ou websséries. Como a maioria dos usuários de mídia social, os usuários que veem sites de compartilhamento de vídeos são muito sensíveis a promoções de produto, então mantenha as suas contribuições o mais não comerciais que você puder. Se o seu conteúdo comercial é extremamente divertido ou informativo, poderá ser tolerado, mas esta é a exceção, não a regra. Você deve incluir chamadas de ação em seus vídeos, mas precisará ser bastante criativo.

Animações

A animação ganhou nova forma com sua entrada na internet por meio do Flash. Com a possibilidade de produzir animações das mais diversas a um custo muito baixo e com o interesse crescente do público pelos vídeos na internet, muitas empresas têm investido na animação como forma de divulgação de conceitos, produtos e mensagens publicitárias. Há a vantagem de poder produzir imagens e reações que não podem ser criadas em uma produção de vídeo normal.

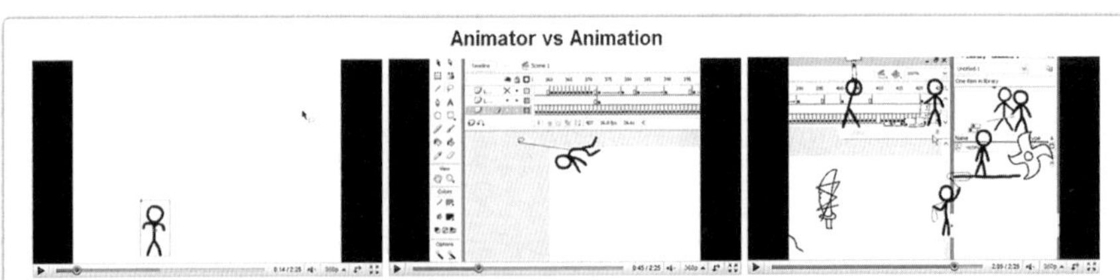

Animação criada no Flash por Alan Becker, na qual o criador enfrenta a sua criação, usando as ferramentas do próprio Flash. Com 8.352.121 visualizações. (link: http://alanbecker.deviantart.com/art/Animator-vs-Animation-34244097)

O consumidor encontrará seu vídeo primeiro pelo título, descrição e palavras-chave. Quando publicar um vídeo, preencha todos esses campos com o mesmo cuidado com que produziu o vídeo. Antes de preencher, pense como os usuários que têm interesse naquele tipo de vídeo irão pesquisar.

Ao assistir a um vídeo em um site de compartilhamento, além dos controles normais de execução e pausa, o internauta pode adicionar o vídeo aos seus favoritos, compartilhá-lo com amigos em redes sociais, enviá-lo por e-mail, adicioná-lo a sua lista de reprodução e ver quantas vezes já foi assistido. Também é possível votar no vídeo, classificando-o de cinco estrelas, comentá-los e ler os comentários das outras pessoas.

O sucesso do viral nunca é garantido com o vídeo, mas seguindo algumas táticas comprovadas na criação, os usuários vão querer compartilhar com seus amigos, mesmo se não conseguir milhões de visualizações. A chave é se certificar de que o vídeo tem uma sensação real / autêntica e uma mensagem relevante, isto é, evite a publicidade tradicional, gere conteúdo relevante, não foque apenas no produto, nas vendas em si, busque o benefício, seja inovador, isso irá ajudá-lo a construir a confiança e a credibilidade que servirão quando você rodar os vídeos no futuro.

Quando estiver pronto para implantar sua estratégia de marketing,espalhe o seu vídeo por muitos postos de mídia digital e social da web. Para que ele possa ser mais facilmente compartilhado, comece colocando o seu vídeo no site de compartilhamento de sua escolha (veja lista de sites populares mais adiante nesta seção) e posteriormente no seu próprio website ou blog. Certifique-se de que ele seja facilmente "compartilhável", significando que ele pode ser facilmente enviado por e-mail ou publicado em diversos sites de mídia social (recursos de sites de vídeo como o YouTube). E torne-o "Friendly search" (bom destaque, metatags etc.) para que seja mais fácil para os motores de busca encontrarem o seu vídeo. O Google lê as tags do YouTube, por exemplo, em uma pesquisa por determinada palavra-chave. Caso seu vídeo tenha relevância, ele pode estar entre as primeiras posições de uma pesquisa.

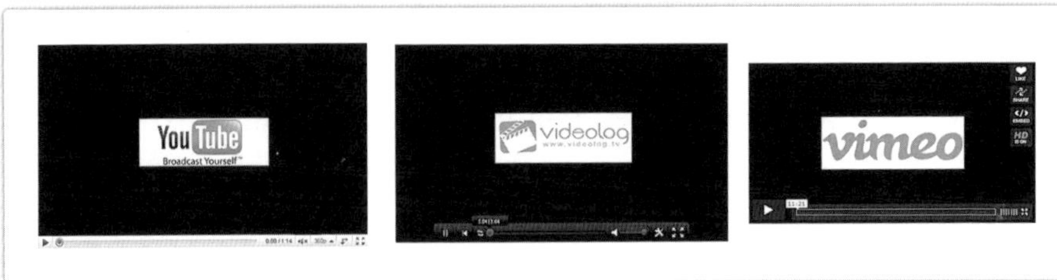

São diversos os players no segmento de sites de compartilhamento de vídeo, cada um com características específicas que se adaptam aos seus usuários, A imagem central é do Videolog, um dos primeiros sites de compartilhamento de vídeo do mundo, 100% brasileiro, não perdendo em nada para seus concorrentes americanos.

#dicasyoutube

O YouTube tornou-se um dos destinos líderes para conteúdos em vídeo, em grande parte em razão da sua simplicidade: tudo o que você precisa é de uma câmera e algo a dizer. Ao incluir vários vídeos, você automaticamente começa a criar um canal (em youtube.com/nomedousuario) para que as pessoas explorem seus vídeos em uma única página. Com 20 horas de conteúdo sendo enviadas aos servidores a cada minuto, os canais tornam mais fácil a localização dos seus vídeos. Além de publicar seu vídeo, você pode criar canais. O canal é uma espécie de página que você cria no YouTube para seus vídeos. Ele ajuda muito na divulgação de sua empresa e de seus vídeos.

No canal da Coca-Cola no YouTube, o usuário pode fazer o upload de um vídeo ou imagem que mostre seu jeito único de celebrar a Copa do Mundo e concorrer a ingressos para o campeonato. Inusitado é que o Brasil ficou de fora do concurso.

Podemos citar como um exemplo histórico e mundial o canal do Vaticano no YouTube.

No canal do Vaticano no YouTube são inseridos vídeos sobre a atividade do Papa e eventos. Os conteúdos estão disponíveis em inglês, espanhol, alemão e italiano. Além disso, possui diversos links que permitem ao usuário navegar e encontrar informações e documentos sobre o Papa, o Vaticano e a Igreja Católica. O padre Federico Lombardi definiu esse avanço digital como "uma evolução natural que responde à necessidade da presença da Igreja no mundo". E que esse canal é "o início de um caminho de desenvolvimento e compromisso na oferta dos conteúdos".

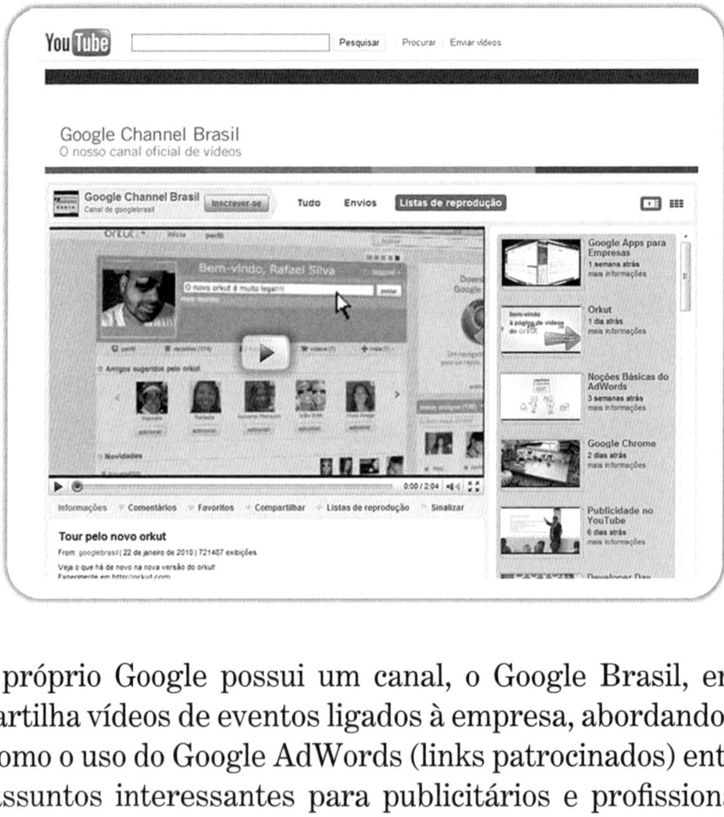

O próprio Google possui um canal, o Google Brasil, em que compartilha vídeos de eventos ligados à empresa, abordando questões como o uso do Google AdWords (links patrocinados) entre outros assuntos interessantes para publicitários e profissionais de marketing.

Existem várias opções de programas para editar um vídeo, dependendo da plataforma operacional do seu computador, sendo Apple ou Windows. Usuários aficionados da Mac usam o iMovie para criar e editar vídeos, beneficiando-se das funcionalidades de arrastar e soltar do programa Mac. Você também pode usar o Adobe Premiere ou Final Cut Pro no Mac OS. Caso você seja um usuário Windows, você pode usar o Adobe Premiere ou ArcSoft's ShowBiz.

Miniatura de vídeos

O YouTube oferecerá três opções de imagem inicial. Selecione a que for mais significativa para divulgar o seu vídeo. Lembre-se de que ele é a imagem estática que o internauta verá antes de assistir seu vídeo. Essa imagem – como a capa de um livro, CD ou DVD – fará com que o usuário dê ou não play no seu vídeo.

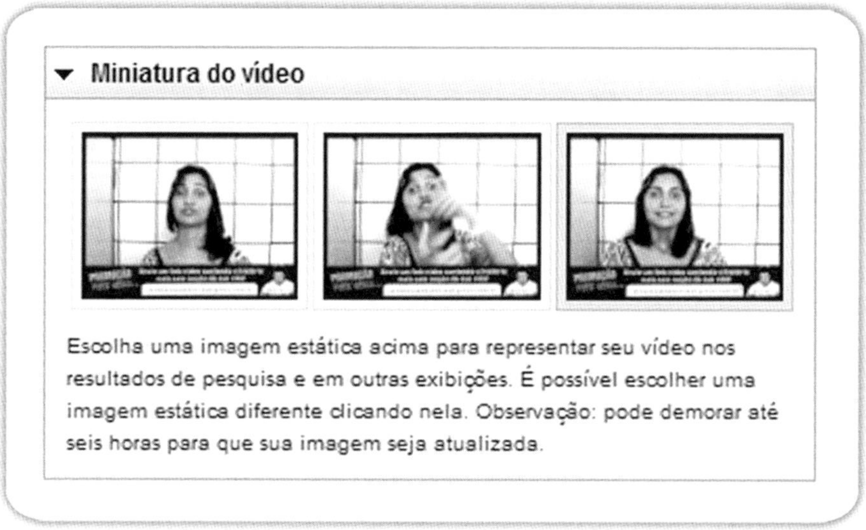

Um canal personalizado oferece controle e flexibilidade para criar uma melhor experiência do usuário. Deixe seu canal com encontrabilidade ao incluir título e descrição. Isso será importante para que as pessoas encontrem seu canal pela busca. Você pode fazer isso em: Conta – Configurações do Perfil. Você pode alterar a aparência de sua página inicial, personalizar páginas de vídeos para uma experiência consistente, criar seções e gerenciar vídeos. É possível até monetizar seu conteúdo ao se tornar parceiro comercial no YouTube com o *AdSense.*

Criar um ótimo canal personalizado requer planejamento cuidadoso e atenção constante. Assistir a vídeos é a principal razão das visitas que você recebe: um canal personalizado pode melhorar essa experiência, mas somente conteúdos de qualidade farão com que o usuário retorne ao seu canal.

Seus banners devem complementar o visual de seu canal para uma maior identificação da marca. Ele deverá ter um link para a página de seu canal. Você pode enviar um banner de vídeo de 300px por 45px em *Branding Options*.

Comentários

Você também deve pensar sobre como interagir com seu público. Comentários são ótimos para ouvir e falar com sua comunidade, assim como compartilhar ideias. Você pode permitir comentários em seus vídeos, em seu canal ou em ambos.

Respostas em vídeo

Interaja com seu público usando as Respostas em Vídeo. Elas são ligadas a partir de suas páginas e permitem que as pessoas assistam ao seu conteúdo de forma mais pessoal. Você pode exigir aprovação prévia para Respostas em Vídeo em suas configurações de conta.

Playlists

Elas permitem organizar seus vídeos em temas ou marcas, fazendo com que fique fácil para os usuários assistirem aos vídeos em sequência. Você pode criar playlists para figurar em seu canal a partir das configurações Conta – Vídeos – Listas de Reproduções.

Inscrições

Mostre seu vídeo para todos os que se inscreverem pela seção Subscriber. É uma ótima maneira de interagir com a comunidade. Os usuários podem inscrever-se no seu canal ao clicar no botão laranja Subscribe em suas páginas. Eles serão avisados sempre que você fizer o upload de um novo vídeo.

Insights

Esta é uma ferramenta gratuita que oferece estatísticas detalhadas de seus vídeos. Veja como seu conteúdo é visto em diferentes regiões do planeta. Você também pode ver o ciclo de vida dos seus vídeos, com seus picos de popularidade.

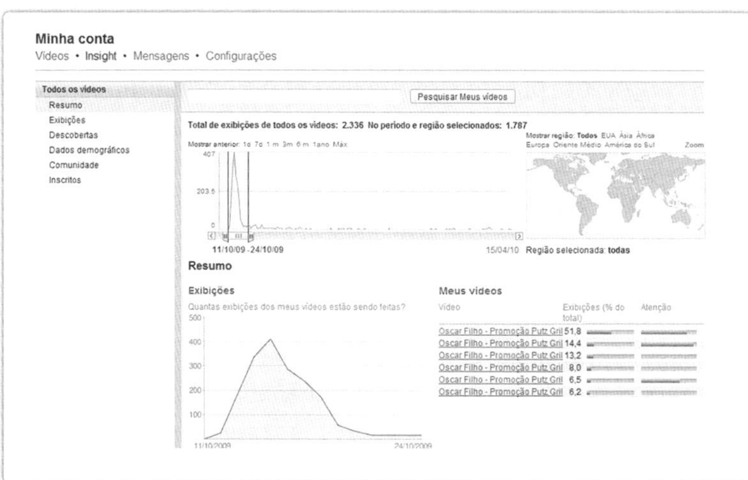

Gerenciamento

Você pode ver as informações de seu vídeo a qualquer momento em Settings, na página Uploaded Videos. É fácil inserir ou alterar metadados e configurações.

Incluir conteúdo

Você pode facilmente inserir conteúdo para estender seu canal pela web. Insira um vídeo em um blog ou o canal inteiro em seu próprio site. É grátis, sem custos de banda e armazenamento para você, e todas as visualizações contam normalmente. (Embed)

Player personalizado

O YouTube permite que você crie um player ou playlist personalizado em seu site. Usando a ferramenta <incorporar> (logo abaixo do player do vídeo), você pode escolher cores, incluir miniaturas e vídeos que deseja que apareçam no seu player.

Globalização

O YouTube possui sites para 24 países (Wikipédia) e 28 línguas (Wired, agosto 2010). Considere produzir conteúdos especiais para áreas diferentes do planeta ou criar uma versão em outra língua para seu canal. **Interaja!** As pessoas irão inscrever-se em seu canal se estiverem interessadas no que você tem a mostrar. Suba novos vídeos regularmente para entreter e informar seu público. Considere permitir o compartilhamento de seus vídeos, comentários e avaliações. A comunidade do YouTube é bem familiarizada com essas ferramentas, e elas ajudarão a espalhar seus vídeos e aumentar sua audiência. O YouTube também é um ótimo meio de responder para sua comunidade. Insira vídeos que atinjam seus interesses e escreva mensagens em sua página. É uma oportunidade de fortalecer relacionamentos.

Se você procura sucesso, uma estratégia é pegar carona em sucessos do próprio YouTube, por meio do "Remix de Sucessos". O primeiro passo é copiar aquele vídeo. Uma opção é o *Any Video Converter* ou o *Atube*. Depois é só abusar da criatividade na edição.

Se você quer promover seu vídeo e espalhar por e-mail, Twitter, Google Reader, Facebook e Orkut, é só ativar a função Autoshare, que se encarrega de forma instantânea dessa missão. Acesse Minha Conta e depois Configuração da Conta. Depois, clique no item compartilhamento.

Para a galera que pensa além e quer levar os seus vídeos para usuários de outros países, capriche no inglês e adicione legendas nos seus vídeos. O serviço *CaptionTube* é excelente. Ele cria o arquivo já no formato correto, aí depois é só adicionar a legenda. Vá em menu, meus vídeos, e clique no botão anotações. Depois aparecerá o link legendas e a opção para fazer upload do texto.

#ficadica

Quer enviar o vídeo em alta resolução? Adicione **&fmt=18** ao final do link do vídeo para resolução de 480 x 270 px ou **&fmt=22** para 1280 x 720 px.

#dicasappsyoutube

O aplicativo Youtube Videobox traz uma das formas mais fáceis de compartilhar um vídeo hospedado no YouTube para sua rede de amigos do Facebook. O aplicativo já vem com uma caixa de busca para o YouTube. Assim nem é preciso acessar o site de vídeos para adicionar os clipes.

O YouTube Videobox traz ainda um recurso para enviar vídeos diretamente para amigos selecionados da lista do Facebook.

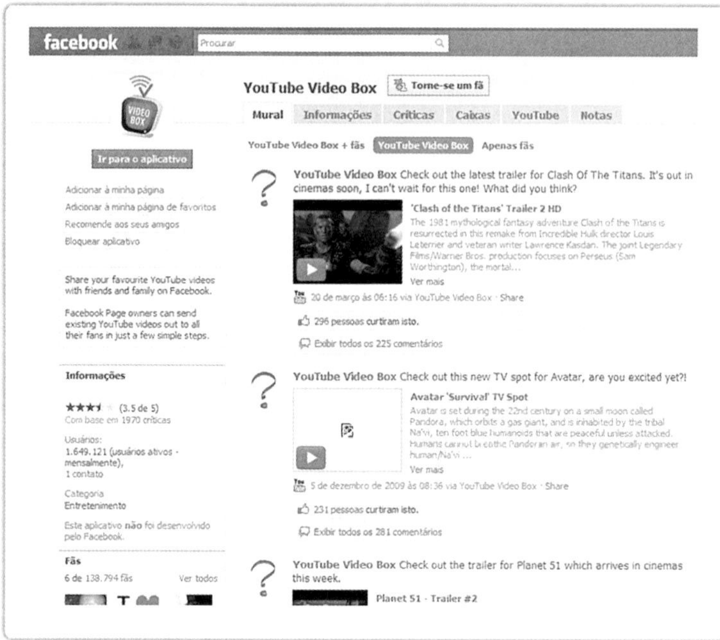

Cases de Sites de Compartilhamento de Vídeo

Case da Broadway no YouTube

Para conquistar mais espectadores, os produtores recorreram aos sites de relacionamento e ao YouTube para fazer amigos e divulgar os espetáculos. As produções da Broadway oferecem páginas em sites de redes sociais, como o MySpace e o Facebook. A página do musical "In the Heights", no MySpace, tem um blog com atualizações sobre o espetáculo, programas que os usuários podem instalar em suas páginas, um serviço de música que toca canções do espetáculo e diversos vídeos dos musicais, entre os quais "Abuela", paródia da canção "Umbrella", e uma paródia de "High School Musical", que mostra Lin-Manuel Miranda, astro e letrista do espetáculo, cantando e dançando no Central Park.

Miranda criou diversos vídeos para a web, entre os quais uma série chamada "Legally Brown", que zombava de um reality show da MTV, cujo objetivo era selecionar uma substituta para o papel principal de "Legally Blonde". Na série, disponível em legallybrownonbroadway.com e no YouTube, astros da Broadway, como Matthew Morrison, de "South Pacific", Allison Janney, de "9 to 5, The Musical", e Cheyenne Jackson, de "Xanadu", competem pelo posto de próximo vendedor em "In the Heights". Existem indícios de que o marketing viral atrai espectadores de todo o mundo. Miranda diz que conheceu no teatro fãs que lhe contaram ter ido à Nova York assistir ao espetáculo por causa dos vídeos que tinham visto on-line. Alguns fãs prestam tributo ao espetáculo com seus próprios vídeos no YouTube.

Youtube Live BR

As primeiras transmissões ao vivo por meio do YouTube pelo mundo foram de shows com bandas como U2, Bon Jovi e Arcade Fire. No Brasil, o show apresentado por Rafinha Bastos, Sabrina Sato e Gianni Albertoni contou com a presença de artistas sertanejos como Luan Santana, e Bruno & Marrone, Victor & Leo, João Bosco & Vinícius e Michel Teló. Eles atraíram mais de 5 milhões de pessoas e levou a hashtag #ytsertanejolive ao topo dos TT's BR.

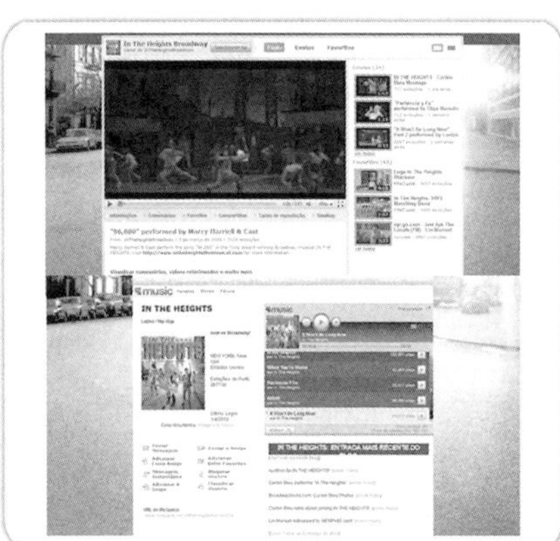

Case mídias sociais #circuito4x1 no Videolog

No Brasil, o maior site de compartilhamento de vídeos e o mais utilizado pelos usuários é o Videolog. O especialista em SEO – Search Engine Optimization Oscar Ferreira (conhecido como @kakamachine no Twitter) idealizou o evento de marketing digital Circuito 4x1 e convidou a agência digital Mentes Digitais para promovê-lo nas mídias sociais. O evento aconteceu na Faculdade CCAA no Rio de Janeiro. O Circuito 4x1 contou com quatro formatos de palestras dentro do circuito, que trataram de e-commerce, marketing digital, mídias sociais e comunicação.

É fato que existem vários estudantes e profissionais de comunicação com grande conhecimento em marketing digital, mas por falta de oportunidades eles não têm a chance de mostrar seu conhecimento, a não ser por meio das mídias sociais.

Pensando nisso, foi criada a Promoção Minha Chance, a qual dava a oportunidade para essas pessoas mostrarem seu conhecimento para o mercado digital, já que o Circuito 4x1 tem abrangência nacional e internacional por meio do streaming, transmissão ao vivo via internet.

Por meio de uma campanha de marketing no canal de compartilhamento de vídeo Videolog, os usuários gravaram vídeos de até quatro minutos falando sobre um dos temas do evento: marketing digital, redes sociais, e-commerce e comunicação. Postaram na internet e enviaram o link pela página da promoção no site do evento. A partir de uma determinada data, os vídeos entraram em uma disputa por visualizações, estimulando o buzz. Quem tivesse o maior número de visualizações até a data do evento, ganharia os seguintes prêmios: vídeo no telão do evento, uma bolsa de 100% nos cursos de extensão da Faculdade CCAA e o livro *Geração Digital*.

O trabalho de monitoramento foi fundamental para o desenvolvimento da campanha. Detectando oportunidades de relacionamento e medindo o crescimento das ações estratégicas. A ideia principal da Promoção Minha Chance **não era escolher o melhor vídeo,** mas sim gerar uma viralização por parte dos participantes, mostrando a importância do relacionamento. Essa é a essência das mídias sociais e da vida, em que nem sempre o melhor vence.

Promoção Minha Chance - @...
476 visitas
Promoção Minha Chance - @...
486 visitas
PROMOÇÃO
MINHA CHANCE
A sua chance de ser ouvido pelo mercado digital.
Promoção Minha Chance - @...
286 visitas
Promoção Minha Chance - @...
310 visitas
Promoção Minha Chance - @...
870 visitas
Promoção Minha Chance - @...
868 visitas

FACULDADE CCAA - RJ
05&06MAR
PROMOÇÃO
circuito4x1.com.br/minhachance
PROMOÇÃO
MINHA CHANCE
A sua chance de ser ouvido pelo mercado digital.
O que devo fazer?
1 Crie um vídeo de 4 minutos falando sobre algum dos temas da programação do evento (Marketing Digital, Redes Sociais, Comunicação e E-commerce).
2 Poste o vídeo na internet e envie o link pelo www.circuito4x1.com.br/minhachance até o dia 26.02.
3 A partir do dia 28.02 o seu vídeo entrará em disputa por visualizações no canal oficial do evento no Videolog.
O que posso ganhar?
Seu vídeo no telão do evento
Livro Geração Digital
Um curso de extensão da Faculdade CCAA
www.circuito4x1.com.br
Oficina Hands On
Mesa Redonda PodMak
Oficina Videolog
Bate Papo e-commerce

Pela busca por visualizações, os participantes iniciaram uma mobilização espontânea, divulgando por toda internet seus vídeos e, consequentemente, divulgando o evento sem o custo de uma mídia tradicional. O vencedor foi Bruno Figueiredo, em que, com o vídeo ***Propaganda Tweet a Tweet***, conseguiu **870 exibições** em menos de **15 dias.**

Métricas do case

- Inscrições esgotadas a menos de uma semana do evento.
- Página da Promoção Minha Chance com mais de 3.000 visualizações únicas.
- Participantes de todo o Brasil.
- Mais de 5.400 visualizações dos vídeos da promoção no Videolog.
- Cerca de 54 menções em blogs relevantes do segmento do evento.
- *Hashtag* #circuito4x1 no *Trending Topics Brasil* do Twitter.

#dicasplanejamentovídeo

O planejamento do seu vídeo pode envolver rascunhos, um roteiro ou um storyboard detalhado. Acima de tudo, a história é crucial: você precisa definir o que será contado e o que quer que o público pense. Na internet, uma ideia criativa em um vídeo vale mais do que qualquer superprodução.

Ao pensar em um vídeo para a internet, pense em um vídeo de longa duração da mesma forma que um longo texto. Você não colocaria três mil palavras na sua homepage, então não coloque um vídeo gigante em um site de compartilhamento também. Pense em separar o vídeo em partes menores. Inclusive há a possibilidade de que estas partes menores sejam postadas aos poucos, criando um storytelling.

Algumas empresas estão criando vídeos supostamente virais de baixa qualidade de propósito, para dar um ar caseiro, isso não é a receita do sucesso da viralização. Vídeo on-line funciona melhor quando vai direto ao ponto e é curto. O usuário de internet é rápido e seu conteúdo também deve ser. A última coisa que você quer é entediar o usuário. O vídeo na web se tornará ainda mais importante nos próximos anos. O orçamento para vídeos on-line aumentará conforme as empresas perceberem que os consumidores irão preferir o on-line aos meios tradicionais.

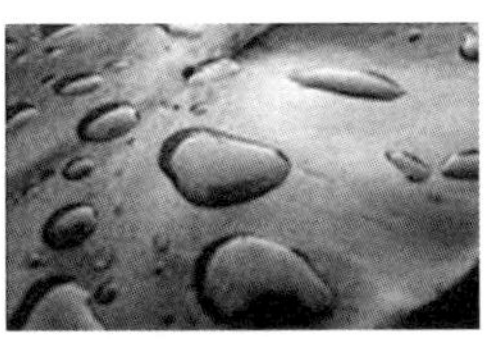

DROPS DE MARKETING "Marketing é uma guerra mental. São as ideias que estão na cabeça das pessoas que determinam se um produto terá sucesso ou não."

Al Ries

FATOS & NÚMEROS

"A missão do YouTube é fazer com que você descubra e molde o mundo através do vídeo."

Timeline: cinco anos de YouTube – uma história de momentos memoráveis

2005

- Fevereiro – Os fundadores registram o nome do domínio e começam a trabalhar no site.
- Abril – Primeiro vídeo é carregado na página no dia 23.
- Maio – Lançamento da versão beta do YouTube.
- Junho – YouTube permite uploads de vídeos.
- Dezembro – Lançamento oficial (8 milhões de vídeos assistidos por dia).

2006

- Março – Lançamento do Programa de Verificação de Conteúdo.
- Março – Lançamento da Tecnologia de Filtragem.
- Maio – Lançamento do Vídeo Respostas.
- Julho – 100 milhões de vídeos vistos por dia; 65.000 vídeos carregados por dia.
- Agosto – Os primeiro formatos de propaganda são lançados. Vídeo anúncios participativos e os canais de marcas.
- Outubro – A aquisição do YouTube pelo Google por 1.65 bilhão de dólares.

2007

- Junho – Lançamento do YouTube em nove países.
- Junho – Lançado o Site móvel.
- Julho e Novembro – Debates CNN/You Tube.
- Agosto – Lançamento de anúncios InVideo.
- Setembro – Lançamento de canais sem lucro.
- Outubro – Lançamento do canal da rainha da Inglaterra.
- Outubro – Lançamento do "Content ID" – sistema de gerenciamento de conteúdo com identificação de vídeo.
- Dezembro – Lançamento do Programa YouTube parceiro.

2008

- Janeiro – 10 horas de vídeo carregados a cada minuto.
- Janeiro – Lançado o YouTube móvel com catálogo completo de vídeos.
- Março – Lançada a ferramenta de Conhecimento Analítico.
- Abril – Lançada a sala de projeção YouTube.
- Maio – 13 horas de vídeos carregados a cada minuto.
- Junho – Lançados recursos de anotação do YouTube.
- Junho – Integração do YouTube no Sony Bravia TV.
- Agosto – Lançado o YouTube legendas.
- Outubro – Programação completa da CBS e MGM vem para o YouTube.
- Outubro – 15 horas de vídeos carregados a cada minuto.
- Novembro – Lançamento da Promoção de Vídeos.
- Novembro – Lançada a pré-lista de anúncios.
- Dezembro – Lançado HD de 720p.

2009

- Janeiro – Lançados os canais do Congresso Americano e do Presidente americano.
- Janeiro – Expandidos os formatos dos anúncios da página principal.
- Fevereiro – Lançado o canal do Vaticano.
- Março – Assinado acordo com a Disney.
- Abril – Lançamento de vários shows e filmes e milhares de episódios inteiros de séries TV (webséries).
- Maio – 20 horas de vídeos carregados a cada minuto.
- Junho – Lançado 3D.
- Agosto – Lançamento da parceria vídeo individual.
- Outubro – Link ao vivo do show do U2.
- Outubro – Assinado o primeiro grande acordo na rede para transmissão do canal 4 de TV no YouTube.
- Outubro – Anunciada pelo YouTube a ultrapassagem de mais de 1 bilhão de vídeos assistidos por dia.
- Novembro – Lançado HD completo de 1080p.

2010

- Janeiro – Lançado o YouTube Aluguel.
- Fevereiro – Transmissão ao vivo da entrevista do Presidente americano Barack Obama.
- Março – Lançado o novo design de página de vídeo do YouTube.
- Março – 24 horas de vídeo carregados a cada minuto.
- Abril – Transmitido ao vivo para o mundo no YouTube a Temporada da Liga Indiana de cricket.
- Maio – O YouTube ultrapassou os 2 bilhões de vídeos assistidos por dia.
- Junho – Youtube *ganha* processo milionário contra a Viacom (dona da Paramount e da MTV).

- Setembro – O Vaticano abre seu canal oficial.
- Setembro – Primeiro teste da plataforma de *live streaming.*
- Novembro – Google tenta comprar direitos da Miramax.
- Novembro – Youtube Live BR atrai 5 milhões de pessoas com atrações sertanejas.
- Dezembro – O vlogger Felipe Neto é contratado pelo canal de TV Multishow.
- Dezembro - O vídeo mais assistido de todos os tempos, Baby de Justin Bieber atingiu 408 milhões de visualizações.
- Dezembro – Os vídeos não têm mais limite de tempo.

Fatos interessantes:

19 minutos foi a velocidade do primeiro vídeo carregado no YouTube.

1.9 milhão de vezes o primeiro vídeo foi assistido.

185.39 milhões de vezes o vídeo mais popular, até o momento, foi assistido no YouTube: Bad Romance, Lady Gaga.

6.6 o fator pelo qual os números mensais de vídeos do YouTube fluxo de vídeo.

$1.65 bilhões de dólares é o valor das ações, a soma paga pelo Google para adquirir o YouTube em Novembro de 2006.

51 são línguas que a tecnologia de reconhecimento de idiomas do Google pode traduzir vídeos do YouTube e criar legendas.

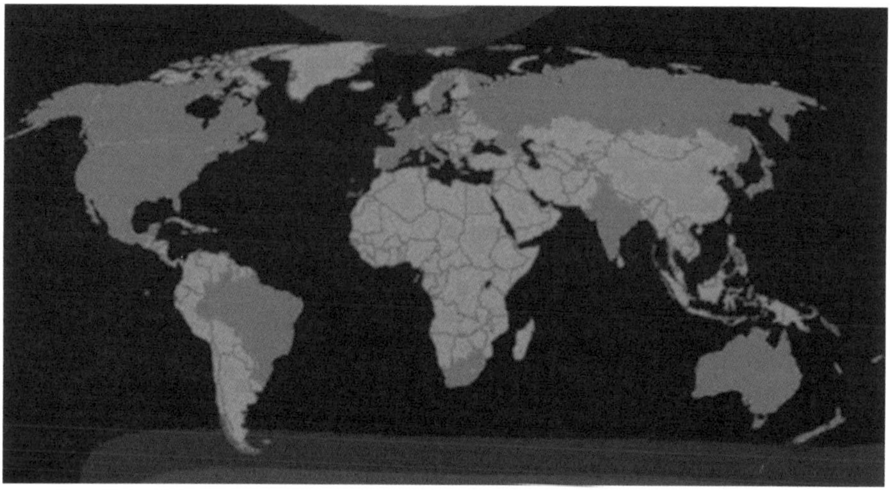

Internacional

Localizado em 23 países em 24 diferentes línguas.

Estatísticas do YouTube

- Mais de 2 bilhões de acessos por dia.
- Quase o dobro de audiência do horário nobre de todos os três maiores canais dos EUA juntos.
- 24 horas de vídeos carregados a cada minuto.
- São mais de 50 mil horas de *uploads* por dia.
- Agora os vídeos são enviados mais facilmente de celulares e não têm limite de tempo.
- Uma pessoa gasta em média 15 minutos por dia no YouTube.
- Mais vídeos são carregados no YouTube em 60 dias do que os três maiores canais criaram em 60 anos.

Estatísticas de parcerias e anúncios

- Receita com anúncios de parceiro mais do que triplicou em 2009.
- Existem mais de 7.000 horas de filmes e shows completos no YouTube.

- YouTube contabiliza globalmente mais de bilhões de vídeos assistidos por semana (ou seja, mais visitas mensais que o nosso concorrente mais próximo).
- 94 dos 100 principais anunciantes têm campanhas no YouTube e na rede de conteúdos do Google.

- O número de anunciantes que usam display de anúncios no YouTube cresceu 10 vezes no ano passado.
- Questão: por que as agências de publicidade brasileiras ainda investem tão pouco no YouTube e em outros sites de compartilhamento de vídeo na internet? O VideoLog, canal brasileiro, tem em sua página, alguns exemplos de cases de sucesso de empresas que investiram em vídeo na internet.

Estatísticas de produtos

- Foram lançados mais produtos/recursos em 2009 do que nos anos de 2007 e 2008 juntos.
- A combinação de melhor busca e descoberta (além de mais conteúdo) tem impulsionado os minutos diários por usuário acima de 55%.
- YouTube tem mais conteúdo HD do que qualquer outro site de vídeo.
- Centenas de milhões de vídeos são assistidos a cada minuto em dispositivos móveis.
- Os vídeos do YouTube são incorporados em mais de 10 milhões de websites.

YouTube e mídias sociais

- Mais de 3 milhões de pessoas estão conectadas e compartilham pelo menos uma mídia social.
- Um Tweet compartilhado resulta em 7 novas sessões youtube.com.
- Tempo de vídeos do YouTube assistidos provenientes de mídias sociais:
  - Facebook: 46,2 anos de vídeos assistidos por dia;
  - MySpace: 5,6 anos de vídeos assistidos por dia;

- Orkut: 12,7 anos de vídeos assistidos por dia;
- Hi5: 1,2 anos de vídeos assistidos por dia;

Repare na importância da integração das mídias sociais: fazem com que o usuário circule pelas mídias sociais com a sua marca, sem interrupção, sem invasão, de forma natural e espontânea. Lembre-se: **Mídia Social. Menos mídia, mais social.**

Uma marca on-line deve ter caráter, personalidade, identidade e objetivos claros. O perfil psicográfico da sua marca no ambiente on-line deve ser planejado e bem posicionado, preparado para respostas rápidas e bem elaboradas. Você leva anos para ter credibilidade no ambiente on-line e, segundos para perdê-la.

TransMedia Storytelling

"Engajar a audiência" é a expressão do momento. Mas a audiência quer mais do que participar, que a marca ou emissora a engaje, ela quer criar a sua própria história.

Essas histórias vão integrar os pensamentos e as contribuições de centenas ou milhares de pessoas, que vão montar quebra-cabeças de narrativas juntamente com o contador de histórias para criar universos ficcionais. As marcas e as agências podem mediar este processo criando avatares e inserindo a marca no contexto da narrativa.

Também acredito que a transmídia atingirá um poder e um impacto verdadeiros quando sairmos da ficção e entrarmos na realidade, é o que já vem acontecendo no jornalismo e futuramente o que acontecerá com a educação.

Segundo a definição de Facis Filgueras (2008), transmídia é "o suporte colaborativo de múltiplas mídias para entregar uma única história ou tema, na qual a narrativa direciona o receptor de um meio para o próximo, conforme a força de cada meio para o diálogo".

Busque no YouTube o vídeo *A Hunter Shoots a Bear.*

Top 10 –
Os canais com mais inscrições no YouTube

Esses números e estatísticas do YouTube em breve estarão ultrapassados, o importante é a reflexão e análise dos ótimos números e resultados dos sites de compartilhamento de vídeo.

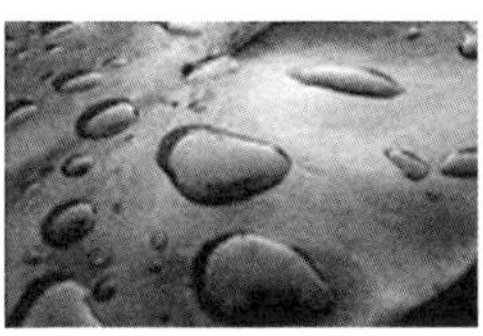

DROPS DE MARKETING " Uma marca on-line deve ter caráter, personalidade, identidade e objetivos claros. Um perfil psicográfico planejado e bem posicionado da sua marca no ambiente on-line, preparado para respostas rápidas e bem elaboradas. Você leva anos para ter credibilidade no ambiente on-line e segundos para perdê-la."

André Telles

2

Áudio – Podcasting

Podcasting é uma forma eficaz para você e sua empresa serem ouvidos literalmente, para capturar o valioso mindshare dos clientes, prospects e funcionários. Um podcast é um arquivo de mídia digital, ou uma coleção de arquivos relacionados, ou seja, o que é distribuído pela Internet Syndication Feeds para reprodução em players de mídia portáteis e computadores pessoais. O termo, como "rádio", pode referir-se tanto ao conteúdo em si quanto ao método pelo qual ele é distribuído, este último também é denominado podcasting.

Criar seus próprios podcasts é fácil, por isso não tenha medo se você nunca criou um. As quatro etapas do processo são: planejamento, gravação, edição e publicação. No Brasil há uma mídia social cujo nome é Gengibre. O serviço tem funcionamento bem simples: os internautas registram-se no site, ligam para um dos telefones centrais e deixam suas mensagens vocais, que podem ser colocadas em público ou não. "Para aliviar a garganta", como o slogan sugere, o preço é de uma ligação local para celular oferecida pela operadora e parceira Claro, ou de interurbano se a cidade não constar na lista.

A interface e o modo de uso são bem parecidos com o Twitter, em que há uma interação entre as rotinas de seus frequentadores. As postagens com voz também podem ser arquivadas em um player particular com código HTML e incorporadas a blogs e sites.

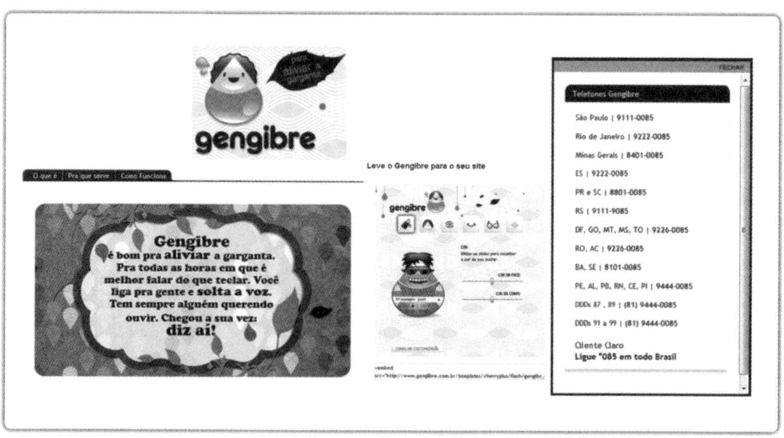

Gosto de uma plataforma para hospedagem de áudio chamada http://www.odeo.com/. Funciona como buscador, rede social e diretório, já que seus conteúdos são classificados. Os usuários podem assinar canais temáticos e receber alertas quando novos conteúdos forem incorporados. Permite criar favoritos e playlists.

PodMak

O PodMak é um podcast focado em debater e tratar de assuntos relativos a marketing digital, mídias sociais, e-commerce e cibercultura. Semanalmente um novo episódio é lançado com referências do mercado.

O PodMak surgiu para compartilhar conteúdo relevante e interessante para profissionais de **marketing digital** de uma forma diferente, algo que as pessoas pudessem "consumir" no seu dia a dia. Nada melhor do que o áudio para isso. Esse projeto foi criado a partir da união de profissionais referências na área como Oscar Ferreira (@kakamachine), Lígia Dutra (@upalupa) e o Paulo Beneton (@paulobeneton).

Ferramentas podcasting

Para um melhor acabamento do seu podcast, existem softwares para a gravação e a edição, entre eles posso citar: GarageBand, WordPress PodPress Widget, Sound Studio, Soundtrack Pro, Audacity, Evoca, Criador ePodcast, Gabcast, Hipcast, Odeo Studio, Telefone Blogz, Propagan e WebPod Studio.

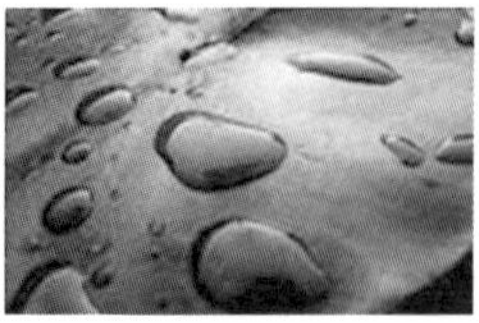

DROPS DE MARKETING "Marketing não é um evento, mas um processo. Ele tem um começo, um meio, mas nunca um final, pois ele é um processo. Você melhora, aperfeiçoa e até interrompe, mas nunca para o processo completamente."

Jay Conrad Levinson

3

Compartilhamento de Fotos

Se há um serviço que cresceu muito na web é o compartilhamento de fotos. E não é para menos, como hoje cada celular tem uma câmera (muitas de alta resolução), esses serviços de hospedagem funcionam como vitrine para fotógrafos novos e antigos, amadores e profissionais. A maioria dos sites do gênero vem acompanhando bem de perto a evolução da web. Quase todas as mídias sociais investiram na integração de seus serviços com fotos. O que diferencia um site de compartilhamento de fotos é justamente o foco do serviço.

Flickr

O Flickr é, de longe, o serviço de publicação de fotos mais popular da web. A interface leve e direta é uma de suas vantagens, assim como a possibilidade de colocar álbuns em sites e blogs. Da mesma forma que o Delicious, outro serviço do Yahoo!, o Flickr é quase onipresente nos serviços de web 2.0 que integram imagens. É fácil encontrar serviços que importam fotos do Flickr e se integram a ele para exportação de conteúdo. O serviço também traz ferramentas para adicionar comentários e destacar regiões das fotos armazenadas. Um dos atrativos do Flickr é a grande variedade de opções de organização do material armazenado. É possível, por exemplo, separar as fotos com a ajuda de tags e álbuns e enviá-las para grupos que compartilham imagens sobre o mesmo tema.

Um levantamento feito pelo IBOPE/NetRatings mostra que o Flickr, o portal de compartilhamento de imagens do Yahoo!, é o mais utilizado pelos internautas brasileiros como fotolog. Desde seu lançamento, em junho de 2007, o Flickr brasileiro já conta com mais de 2 milhões de usuários que, até agora, já efetuaram mais de 35 milhões de uploads de fotos e vídeos. Em segundo lugar, como fotolog mais utilizado, aparece o Picasa.

O Brasil é a maior comunidade de língua não inglesa do Flickr no mundo, os brasileiros mostram-se um dos mais engajados e participativos grupos de usuários da ferramenta, organizando eventos entre usuários e comparecendo aos encontros promovidos pelo Yahoo! Brasil, como o Flickr Day e o Flickr Night, e no primeiro Campus Party Brasil. Para o diretor de produtos do Yahoo! Brasil, Fabio Boucinhas, “por conta da característica do internauta brasileiro de adotar cedo tudo que acontece na rede, o Flickr caiu rapidamente no gosto do país”.

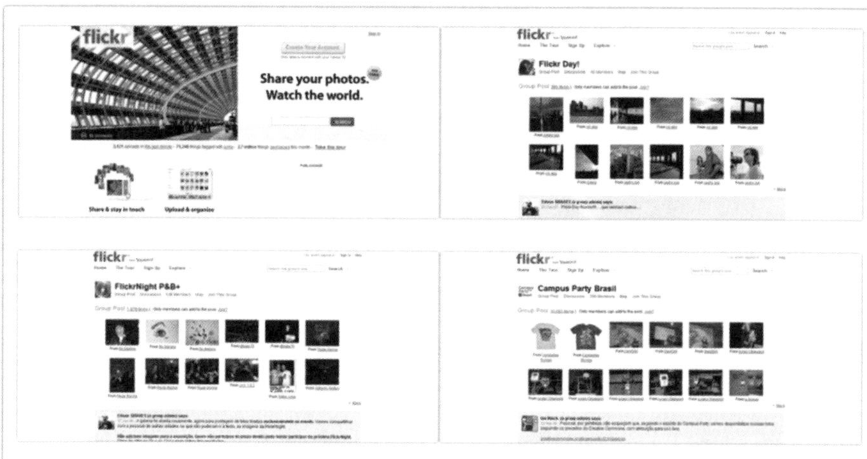

Outro diferencial destacado por Boucinhas para o crescimento da ferramenta são suas interfaces ágeis e de fácil navegação para os usuários de celular. “A possibilidade de capturar uma imagem e enviá-la imediatamente seduz cada vez mais internautas.” Entre os utilitários móveis para o Flickr estão a recém-lançada página especial para o iPhone, com interface e navegabilidade especialmente desenvolvidas para o aparelho, e endereço de e-mail para upload direto de fotos. Os usuários de iPhone e iPod Touch ainda desfrutam de video streaming no Flickr. Cerca de 20 mil uploads diários são feitos apenas pelos iPhones, e o banco de dados do Flickr acumula mais de 5,5 milhões de arquivos enviados por esse tipo de aparelho.

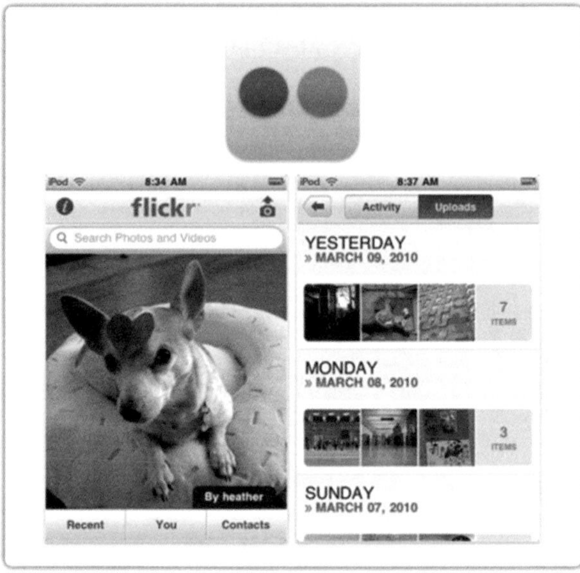

#dicas #flickr

Flickr e Twitter juntos: o Flickr é integrado ao Twitter, permitindo assim que milhões de usuários mundiais possam postar suas atualizações no álbum de fotos por meio da mais popular dentre as ferramentas de microblogging. "É possível fazer uploads simultaneamente no Flickr e no Twitter, por meio do celular, ou enviar uma foto para um Twitter que já esteja no Flickr, clicando no botão 'bloggar', disponível nas páginas de foto. Após configurar a integração, o Flickr se encarregará de criar uma URL curta, do tipo 'Flic.kr', e anexá-la ao post no Twitter."

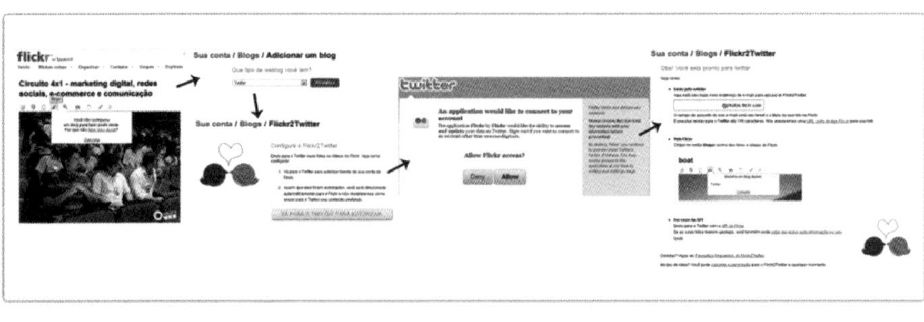

FLICKR PHOTOSETS Existem diversos aplicativos para conectar o Flickr ao Facebook, e esse é um dos mais fáceis de usar. Ele traz álbuns do Flickr para o Facebook e cria um módulo na página principal do perfil com as últimas fotos. Nas opções do aplicativo é possível determinar quais fotos serão exibidas de acordo com o grau de privacidade desejado. Também dá para criar filtros de modo que apenas fotos com determinadas tags sejam exibidas na caixa de fotos da página principal do perfil.

TWITTER E FOTOS Veja algumas ferramentas de compartilhamento de fotos com um foco direcionado aos usuários do Twitter:

twitpic twitgoo

yfrog PicFog
Valós idejű képkereső

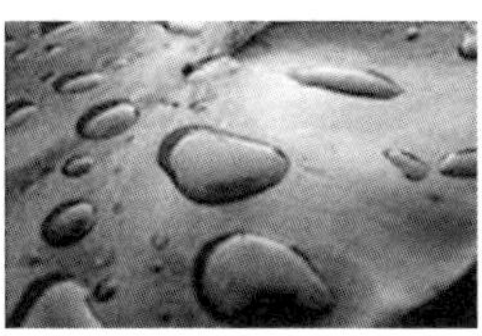

DROPS DE MARKETING "Pessoas comuns conseguem espalhar boas e más informações sobre marcas mais rapidamente que as pessoas de marketing."

Ray Johnson

4

Microblogging

Comparado ao blog comum, o microblogging satisfaz a necessidade de um modo de comunicação ainda mais rápido. Encorajando posts menores, ele diminui o gasto de tempo e o pensamento investido para a geração de conteúdo. Além de gerar conteúdo, o usuário pode compartilhar links de vídeos ou de páginas da web que tenham um conteúdo interessante e que o usuário acredite ser relevante para seus seguidores.

Empresas utilizam microblogs para criar um canal de comunicação direta com o consumidor, se disponibilizando para tirar suas dúvidas e auxiliá-lo na solução de problemas. Essa resposta que a empresa oferece ao consumidor é muito importante para que este possa desenvolver uma confiabilidade maior, e assim ser um dos responsáveis por beneficiar a imagem da empresa dentro da rede.

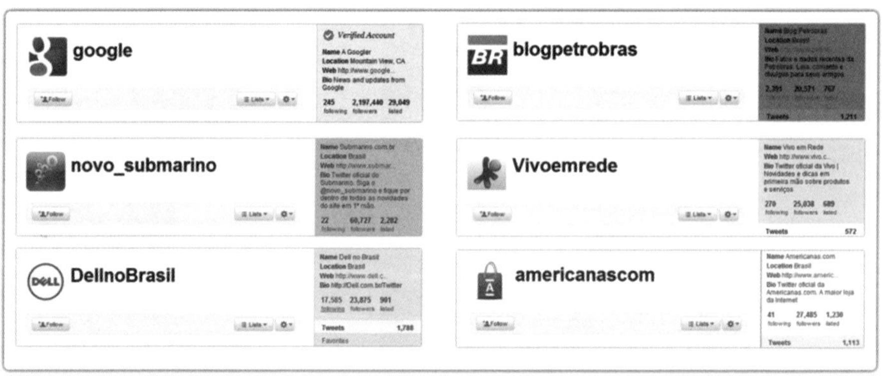

Empresas brasileiras mais bem posicionadas no Twitter, de acordo com o Clube online. @novo_submarino – 12ª / @DellnoBrasil – 25ª / @blogpetrobas – 33ª / @ Vivoemrede – 43ª / @americanas.com – 45ª. A mais bem posicionada do mundo é o @Google.

Antes de focar no maior e mais importante microblog do mundo – o Twitter – gostaria de citar que existem diversos microbloggings espalhados na internet, inclusive com possibilidades de postagens de pequenos vídeos em conjunto com poucos caracteres. Vou citar um exemplo interessante de um microblogging direcionado para as empresas e que só pode ser acessado por um e-mail corporativo. Por exemplo, você tem uma empresa chamada "Qualquer" e abriu um perfil no Yammer. Todos os funcionários da "Qualquer" com certeza têm um e-mail do tipo nome@qualquer.com.br. Pois bem, apenas estes poderão acessar o perfil da "Qualquer" no Yammer, em um ambiente muito semelhante ao todo-poderoso Twitter, porém com caráter de comunicação interna.

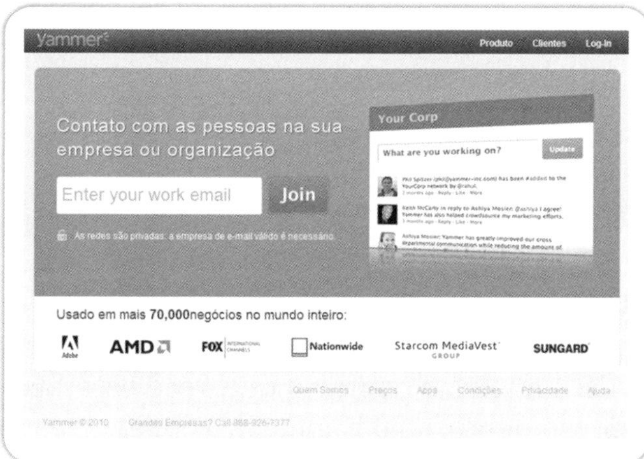

Twitter

Pesquisas revelam que o usuário do Twitter tem uma média de idade de 39 anos, o que demonstra claro aumento na faixa etária dos usuários das mídias sociais em todo mundo. Faz algum tempo que as mídias e redes sociais deixaram de ser brincadeira de adolescente para fazer parte do dia a dia dos usuários de internet no mundo. Você e sua empresa não podem ficar de fora dessa conversa.

O Twitter foi fundado em março de 2006 pela Obvius Corp., de São Francisco. O nome foi inspirado em um pássaro que, para manter os outros pássaros informados do que está fazendo e onde está, emite periodicamente um trinado estridente. O pássaro inspirou o nome e a ideia do próprio Twitter. No Brasil, o Twitter já tem mais tráfego que YouTube e Orkut, cerca de 56%.

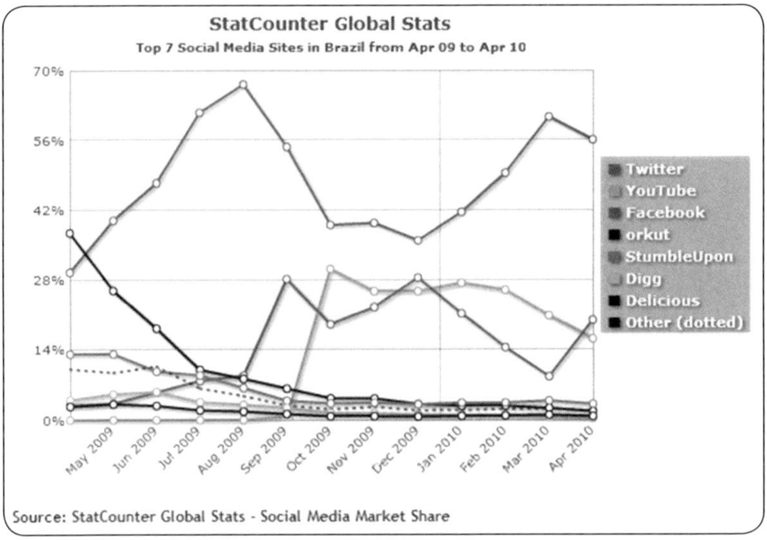

O Twitter funciona a partir do envio de mensagens curtas – tweets – que são visualizadas por seus followers – seguidores –, seja de maneira a contar o que você está fazendo num determinado momento, ou por meio de replies – respostas – às pessoas que te enviam um tweet. No Twitter, o título de cada usuário é precedido pelo signo "@", que permitirá ao usuário saber quantas vezes este foi citado por algum outro usuário. Para indicar que se trata de um assunto a ser usado em buscas no Twitter, usa-se o caractere # (hashtag). Se você escrever #midiassociais, estará permitindo que alguém pesquise e encontre todos os tweets sobre o assunto, inclusive o seu. Note que a partir de 2010, as hashtags no Twitter passaram a aceitar acentos e cedilhas, o que abriu um leque para vários idiomas neolatinos como português, francês e italiano, por exemplo. Hashtags são uma ferramenta importante para usuários do Twitter, porque elas são uma maneira de adicionar contexto e metadados para os seus tweets – basta prefixar uma palavra com um símbolo de hash, hashtag #. Uma hashtag é uma maneira para que outros usuários encontrem informações sobre uma palavra-chave, mesmo que eles não sigam você ainda. É uma ótima maneira de conseguir novos adeptos que estão interessados em seus tweets.

Os trending topics são como um termômetro para o que a comunidade Twitter está falando naquele momento. Você vê os TT por país ou worldwide.

Aqui cabe um adendo para um comentário do bom uso pelos jornalistas no Twitter. O microblogging já se tornou uma ferramenta constante entre os jornalistas brasileiros que passaram a adotá-lo como peça fundamental para seus trabalhos. Dentre as principais possibilidades de uso está a fonte de informação, inspiração para reportagens, entrevistas, agilidade na notícia, fontes rápidas, medir interesse em assuntos, bastidores de eventos, humor e coberturas.

#dicas #twitter

Em uma campanha de mídias sociais no Twitter, é importante twittar diariamente sobre a ação, respeitando um intervalo de tempo para não levar unfollow. Dar RT aos posts referentes à ação, sempre que possível adicionar a hashtag vigente e mandar DM para alguns followers, principalmente os influenciadores. Seguindo usuários que seguem perfis específicos ao target em questão, a tendência é que eles te sigam também. Mantenha-se atento às mensagens direcionadas ao perfil e hashtags vigentes no momento.

Quando as pessoas leem seus tweets, ele é exibido ao lado de uma pequena imagem que você enviou ao Twitter. Na maioria dos lugares, ela é um quadrado 48x48 pixels. Essa imagem é como a maioria das pessoas vai reconhecer os seus tweets, por isso use algo que se destaca e não mude com frequência. Para contas pessoais, uma boa foto de rosto é a melhor opção, para as contas da empresa, a logomarca vai funcionar, contanto seja reconhecível em um tamanho pequeno.

Ao criar a sua conta, você tem 160 caracteres em uma seção chamada "Bio" para explicar quem você é. Isso leva muito pouco tempo para escrever, e pesquisas mostram que as contas com Bios, em média, têm muito mais seguidores do que as contas sem Bios. A Bio também é importante para o SMO – Social Media Optimization – procure usar keywords em sua Bio.

Background

O Twitter possibilita ao usuário a capacidade de projetar e fazer o upload de uma imagem de fundo personalizada para a sua página. Alguns usuários aproveitam isso para acrescentar muita informação extra sobre si mesmos, incluindo outros sites sociais onde podem ser encontrados. Uma vez que estas imagens de fundo não são clicáveis, o que pode ser frustrante, especialmente para novos usuários, a melhor imagem de fundo personalizada para usar é uma que mostre as cores da sua empresa ou o logotipo para reforçar a imagem da sua marca.

Conversas no Twitter são realizadas por "@", respostas. Quando você incluir "@ username" em um tweet, em que username é o nome da pessoa que está falando, ele vai aparecer nesse guia de respostas da pessoa. Da mesma forma, você pode ver quem mencionou seu nome clicando no botão "@ link" quando você estiver logado no Twitter. Se um tweet começa com um sinal @, apenas as pessoas que seguem tanto você como a pessoa que você tweetou vão vê-lo na linha do tempo dos seus amigos. Respostas como essas ainda são públicas, especificamente se alguém vê o seu fluxo Twitter ou usa a pesquisa do Twitter.

Para parecer acessível e genuinamente interessado na conversa, você deve responder a tantas mensagens quanto puder. Uma boa maneira de controlar isso é acompanhando o fluxo e a contagem do percentual de seus tweets, os que são respostas versus aqueles que não são.

Retweets (RTs)

São os mecanismos mais poderosos para empresas no Twitter. É aí que acontece o verdadeiro buzz, demonstrando a influência que você ou sua empresa tem perante seus seguidores. Entre às 11:00 e às 18:00 é o horário mais utilizado para retweetar. A maioria dos retweets contém um link, e falar de si raramente renderá um RT.

Uma curiosidade sobre o RT é que ele foi criado pelos usuários, e só depois de muito sucesso e muitos pedidos foi integrado à página oficial do Twitter.

Direct Messages (DMs)

São as mensagens privadas do Twitter, se eu estou te seguindo, você pode me dar DM, e somente se você estiver me seguindo também eu posso dar DM na resposta. O comportamento padrão do Twitter é enviar notificações de DM para o e-mail do destinatário, então trate DMs como você trataria um e-mail normal: não é spam.

Várias ferramentas da web estão disponíveis para configurar o que se chama auto-DMS, em que sua conta envia automaticamente um DM para todos que você segue, normalmente com uma saudação e um link para seu site.

Obs.: Você sabia que o direct no Twitter só pode ser enviado para quem o segue? Até surgir o **Buzz MD**, uma ferramenta que permite o envio direct a qualquer pessoa que te segue ou não.

Use encurtadores de URLs. Uma vez que cada tweet tem um limite de 140 caracteres, espaço é um prêmio. URLs tendem a ser bastante longos e tomam bastante espaço no tweet, assim, vários serviços têm sido desenvolvidos para permitir encurtar links. Com esses serviços, você digita uma URL e, em seguida, o serviço retorna uma versão muito mais curta, que redireciona os visitantes para o endereço original.

Quem vai ter responsabilidade pela conta no Twitter? Você está preparado para responder e agir a tempo? Timing é essencial. O Twitter não é um monólogo, e sim um diálogo – torne-se parte da comunidade junto com seus seguidores.

Não interrompa os diálogos: respeite as pessoas que você segue e inicie você mesmo as conversas. Faça perguntas aos seus seguidores. As mensagens precisam ter personalidade. Se a conta da empresa for gerenciada por mais de uma pessoa, pense em identificar cada post com uma inicial ou um símbolo. Os seguidores conhecerão a pessoa de carne e osso: o Twitter é uma ferramenta de comunicação pessoal.

As hashtags precisam ser usadas com cuidado e atenção. Nunca use mais de duas por tweet – isso dificulta a leitura. Você pode postar com frequência, mas cuidado para não ser considerado um spammer. Cada tweet deve ter valor próprio.

Encontre pessoas que você e/ou sua marca tem interesse e siga-as. Ofereça descontos e promoções, ou mesmo informações em primeira mão. Isso mostra que você dá valor aos clientes e seguidores.

- Use motores de busca no Twitter para encontrar palavras-chave em torno de marcas, produtos e temas de interesse.
- Siga twitterers com interesses semelhantes para estabelecer uma presença da marca com a conversa.
- Use o Twitter para iniciar uma conversa – peça para seus seguidores trazerem novas ideias.
- Aprenda sobre as necessidades dos clientes – sobre que outras coisas os clientes estão interessados?
- Faça propagandas de um evento ou de uma promoção usando hashtags ou pedindo RTs.
- Faça perguntas e obtenha feedback dos seus seguidores.
- Envolva os consumidores em cocriação e obtenha insights construtivos para o desenvolvimento futuro da empresa (crowdsourcing).
- Respeite os outros twitteros, pense antes de direcionar mensagens, certifique-se de que sua mensagem seja diretamente relacionada com aqueles a quem estão chegando, forneça valor aos seus seguidores.

#ferramentas #twitter

O Twitter é a mídia social que mais possui ferramentas. Dentre todas, selecionei aquelas que considero mais relevantes:

SocialOomph.com Você faz um cadastro na ferramenta, cadastra seu twitter e a mensagem que você quer que as pessoas recebam quando te seguirem. Você ainda tem a opção de cadastrar mais de uma mensagem e o programa faz uma seleção automática de qual mandará. E você ainda pode escolher se quer ou não seguir as pessoas que adicionaram automaticamente.

Além da DM automática, ele ainda tem várias outras opções para o Twitter como: agendar tweets, ver keywords, ver quando alguém te menciona ou dá RT em seu tweet.

Twitpic.com Ferramenta conhecida para twittar fotos, além de diminuir URLs.

Tinyurl.com Os textos do Twitter são publicados no padrão UTF8. Isso quer dizer que, além de letras e números, dá para usar alguns caracteres especiais, como flechas e smiles. Basta recortar e colar os símbolos no campo de texto. No seguinte endereço você confere uma lista de figuras que podem ser usadas: http://tinyurl.com/twitter-emoticons.

Migre.Me Encurtador de URLs brasileiro. Em sua página inicial também pode acompanhar os links mais clicados, retwittados e quais são os podcasts mais ouvidos no Brasil. Possui uma API para que qualquer usuário utilize-a como melhor lhe convier.

HootSuite Permite que as equipes gerenciem uma única ou múltiplas contas, e isso inclui a funcionalidade de agendar tweets para ser lançados no futuro. É integrado com o encurtador de URL Ow.ly, e oferece ampla e extensiva análise sobre os cliques e as menções na sua marca.

TweetDeck Oferece funcionalidades que simplificam a gestão de vários seguidores, como grupos, pesquisas e integração Twipic. TweetDeck é gratuito e roda no Adobe AIR, assim você pode usá-lo no Mac, Windows e em muitos tipos de máquinas Linux. Na sua versão 0.36.1 passou a sincronizar a timeline no aplicatico com a timeline do Twitter na web e promete tradução para o português. É interessante notar que o mesmo aplicativo pode ser integrado a iPhones e Androids.

Sorteie.me Usa a base de dados do Migre.me ou @twitter para fazer sorteios de até dez usuários e utiliza o radom.org para gerar resultados aleatórios.

Twhirl É um aplicativo da Adobe. Ele oferece um corretor ortográfico e é projetado para ser muito simples e fácil de usar, tornando-o um bom cliente para novos usuários Twitter. No entanto, usuários avançados podem achar demasiadamente restritivo.

Tweepz Ferramenta do Twitter para encontrar usuários por cidade, palavra-chave na bio ou pelo nome.

Favotter Ferramenta do Twitter para descobrir quem favoritou seus tweets e quais foram eles.

Twitter Counter Ferramenta do Twitter para gerar um gráfico com quantos seguidores você tem/ganhou por dia, mês, ano e quando começou a tweetar.

Twibbon Ferramenta para criar uma campanha no Twitter. Coloque a imagem no seu avatar.

TwitBacks Ferramenta gratuita para criar backgrounds rapidamente.

Google Follow Finder

O Google de olho no Twitter lança ferramenta em que sugere ao seu perfil no Twitter outros perfis que tenham a ver com você.

Basta digitar seu username e ele apresenta uma lista de pessoas, além de uma lista de contas com seguidores em comum aos seus.

Dá para começar a seguir alguém por ali mesmo – integração baseada na plataforma *@anywhere* do próprio Twitter.

Para um aprofundamento ainda maior nas ferramentas do Twitter, aconselho os seguintes sites:

- http://www.aisimhein.com.br/dicas-e-tutoriais/as-melhores-ferramentas-para-twitter
- http://eunaoseiseo.com.br/ferramentas_seo/ferramentas-para-twitter-e-rede-social
- http://twitcorreio.com

Cases do Twitter

Case Dell

A Dell descobriu que o Twitter é uma ótima forma de se comunicar com seus clientes. Quem assina a página da empresa sabe quando produtos com descontos estão à venda. Eles podem clicar para ir direto à página de vendas e enviar a informação para amigos. A empresa já ganhou milhões com esses alertas de promoções.

Segundo o TweetStats, o perfil @dellnobrasil possui uma média de sete atualizações diárias. A relação da Dell com os consumidores por meio do Twitter representou um grande sucesso e, diante de tal percepção, a empresa lançou recentemente um filme no qual a campanha é assinada pelo endereço da empresa no Twitter. Este é um dos responsáveis por elevar o número de seguidores da empresa na rede e um excelente exemplo de cross media.

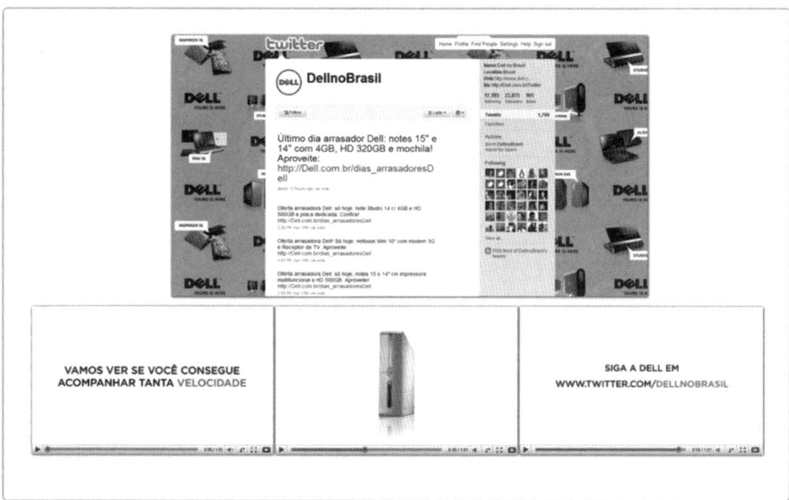

Página da Dell no Brasil.

Case Moonfruit

Em julho de 2009, a empresa de softwares e sites Moonfruit (www.moonfruit.com) celebrou seu décimo aniversário sorteando

10 Mac Books Pro. Para participar, tudo o que você precisava fazer era postar uma mensagem no Twitter com a hashtag #moonfruit.

Quase imediatamente a palavra Moonfruit começou a subir nos Trending Topics – a lista de assuntos mais populares do momento – até atingir a primeira posição. Ficou lá por três dias.

Os resultados foram muito comemorados, houve crescimento de 12 vezes na média de tráfego diário no site da Moonfruit. O nome da empresa também apareceu em 2,5% de todos os posts no Twitter durante o pico. A média na semana foi de 1%. Tudo isso para um gasto de 9 mil libras, ou cerca de R$ 26 mil.

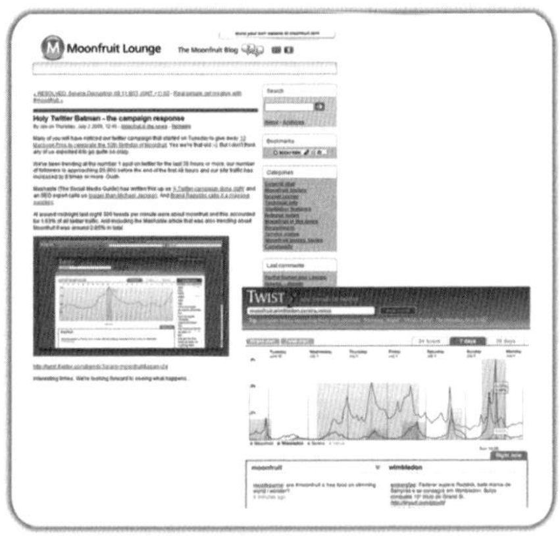

Publicidade no Twitter estilo Google Adwords

Algumas empresas como Starbucks, Red Bull, Best Buy, Bravo, Sony Pictures e Virgin America já estão experimentando o sistema de publicidade no Twitter, que lembra o Google Adwords. Porém, com o passar do tempo, é fácil perceber a série de diferenças dessa nova forma publicidade em mídias sociais. O que já posso adiantar é que aparece um tweet por página na busca. Segundo os desenvolvedores, eles estão analisando fazer tweets promocionais na timeline, usando critérios como reutilização de uma hashtag, cliques em avatar e/ou links, retweets, marcação de favorito, a influência do retweeter, entre outros. Uma coisa é certa: quanto mais interação entre os usuários e a publicidade houver, mais ela aparecerá. Mas se as pessoas não clicarem ou derem retweet, ela desaparecerá.

Os primeiros tweets patrocinados não tiveram uma quantidade de retweets expressiva, talvez por ser algo novo e de início com caráter intrusivo a um tipo de público que não está acostumado com essa invasão comercial no seu ambiente. A publicidade no Facebook gira em torno de anúncios segmentados por uma plataforma semelhante ao Google Adwords, no formato de leilões. Porém a segmentação é maior e pode ser dividida em sexo, interesses, idades, educação, local de trabalho, entre outros.

Os desenvolvedores do Twitter já criaram várias outras formas de rentabilizar a plataforma, entre elas, o Promoted Trends, Promoted Accounts e Promoted Tweets. Observe:

Promoted Trends – Basicamente é promover a hashtag que, em geral remete a uma campanha organizada para um produto ou empresa que é colocada no topo dos Trending Topics para que possa ser acessada pelos usuários com mais facilidade.

Promoted Accounts – A conta promovida fica em destaque na seção 'Who to follow'. Pode ser usada tanto para ajudar na camapanha em busca de novos seguidores ou simplesmente para aumentar a presença on-line da marca ou produto.

Promoted Tweets – Os tuítes promovidos simplesmente são divulgados nas timelines de pessoas que possam se interessar pelo assunto, mesmo que não estejam seguindo sua conta. O custo de cada mensagem é baseado no número de menções, retuítes ou até mesmo de favoritos que ela recebe.

O Mobile Marketing no Twitter

Mais de um milhão de tweets por SMS são produzidos por mês, segundo Kevin Thay, chefe de produtos móveis do Twitter. Recentemente o Twitter anunciou a compra da Cloudhopper, uma companhia de mensagens de texto de Seattle. Sendo justos aos 140 caracteres, fica mais do que claro a grande ligação entre o Twitter e o SMS. Vejo que o futuro do Twitter está mesmo nos celulares, até como forma de expansão da marca, visto que em muitos países em desenvolvimento o acesso a celular é infinitamente maior que a computadores.

Aqui no Brasil podemos destacar a campanha Vivo Twittando (http://tw.vivo.com.br/) da operadora de celulares Vivo em que proporciona a qualquer pessoa twittar do celular via SMS, sem necessidade de planos de internet, ou qualquer acesso a esta. E, o melhor, a preço popular.

Outras mídias sociais também investem em SMS. No seu perfil no Orkut, ao lado esquerdo, pela "configurações – celular" você registra o número do seu celular e responde aos scraps via SMS. Serviço disponível a qualquer operadora. Já no Facebook ao lado direito tem "Teste o SMS do Facebook" em que os usuários atualizam seu status e veem as mensagens e publicações de mural dos amigos. Até o momento, apenas a operadora Claro disponibiliza esse serviço.

Outras operadoras como a Tim e a Claro também já oferecem pacotes pelos quais o usuário pode acessar redes sociais de forma econômica.

Enquetes e concursos no Twitter

Já está virando uma mania criarem ferramentas começadas por "T". Todo mundo parece querer uma carona no sucesso do Twitter. A TwtSurvey é uma ferramenta que permite criar enquetes online e compartilhá-las no Twitter, Facebook ou qualquer outro site de mídia social. Já o Twtaway é uma ferramenta que gerencia competições via Twitter e escolhe vencedores aleatoriamente um data específica. Vale testar.

Google AdSense no Twitter?

O Boo Box é um sistema de venda de publicidade em mídias sociais premiada no El Ojo 2009. Ele oferta os produtos de uma determinada empresa em mais de 4.000 outros sites do segmento, é algo parecido com o Google AdSense. Ele trabalha com colocação de peças, controle, relatórios e pagamentos de sites. Podemos dizer que ele é um verdadeiro ventilador de links externos que atraem usuários relevantes em seu momento de navegação. Os espaços podem ser inseridos em textos ou em banners publicitários, widgets. Os preços são medidos em taxas de cliques sobre aquele link.

A conveniência se dá a partir de um trabalho que, se fosse feito manualmente, pelo próprio empresário, teria que haver muita mão de obra técnica, além de tempo. Eles possuem uma vasta comunidade de blogueiros e profissionais de mídias sociais que colaboram com a inserção dessas publicidades. A customização se dá a partir do momento em que se pode sugerir em quais segmentos de sites o seu anúncio deve ser vinculado.

Possui um sistema de publicidade em mídias sociais chamado, aonde se paga a usuários relevantes do Twitter Seeding boo-box para divulgar mensagens comerciais em seus perfis automaticamente. O pagamento é feito de acordo com a reputação do usuário e o conteúdo publicado vem de campanhas publicitárias ou ofertas de produtos.

Com o Seeding boo-box, anunciantes têm acesso a uma rede brasileira de mais de mil twitteiros com mais de 100 mil seguidores, e podem se comunicar com eles de maneira próxima e simplificada. O sistema boo-box permite ainda remunerar os agentes de mídia social segundo o retorno gerado para a campanha. Anunciantes como Audi, Havaianas, Vivo e Positivo já usaram o sistema boo-box.

QR Code e Twitter

O QR Code é um aplicativo gratuito para qualquer celular que permite ao usuário apontar a câmera para uma figura, que é, na verdade, um código de barras 2D, e o programa transforma a imagem em uma informação específica. Esse aplicativo está sendo cada vez mais utilizado em anúncios publicitários. Por meio do software i-nigma, você mesmo pode criar um QR Code pelo site QR Code Generator. Porém, se quer apenas executar, é só instalar o i-nigma e apontar para os códigos e decifrar.

Posso citar como campanha de mídias sociais com a utilização de QR code o case da Editora on-line em que incorporou 4.000 etiquetas com os famosos códigos em diversos locais de São Paulo. Os usuários de celulares rapidamente descobriram que cada QR code redirecionava mensagens do Twitter. Cada tweet era relacionado tanto com "amor" como "ódio", e atualizados a cada sete dias durante a campanha. O resultado dessa estratégia foi mais de 200 páginas no "living book", um livro que foi inteiramente composto por códigos de QR e mensagens do Twitter. Cada mensagem também incluiu uma chamada que, no final das contas, dirigia os usuários ao site da Editora. Além de aumentar o tráfego gerou tanto buzz com a campanha que os exemplares de seu livro *Living book* se esgotaram em menos de uma semana.

Veja o vídeo da campanha: http://ow.ly/1EwBG.

Educação nas mídias sociais e no Twitter

Nota-se ainda muita resistência de professores ao uso de mídias sociais como forma de educação, porém se vê uma enorme fonte de possibilidades em transformar algo que muitos consideram problemas em verdadeiras inovações educacionais. Posso citar, por exemplo, o uso do skype para dinamizar o aprendizado de línguas estrangeiras, conectando os alunos diretamente com colegas de outros países nativos daquela língua, ou mesmo para realizar reuniões de grupos de trabalhos e com professores como também para realização de debates até grupos de discussão.

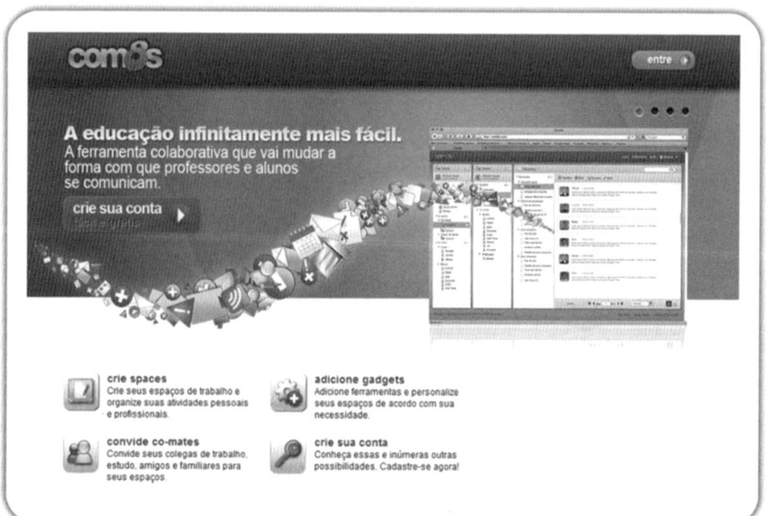

Os celulares, grande tormento dos professores nas aulas, poderiam ser mais bem aproveitados como, por exemplo, para enviar SMS com dúvidas para os professores e colegas, para acessar os blogs das matérias, para participar com comentários valendo ponto, estimulando a interação, para tirar fotos do quadro para estudar depois, para fazer e trocar anotações com rapidez, ou seja, fazer do celular, tão importante quanto um lápis, uma caneta. O Twitter, por exemplo, em vez de ser proibido em colégios e faculdades, deveria ser estimulado e mostrado seu lado educacional.

Eu, por exemplo, uso meu Twitter como fonte de pesquisa, sigo pessoas e veículos de referências na minha área e me mantenho atualizado a cada segundo com novidades relevantes, além de ser um palco para discutir assuntos acadêmicos, substituindo os antigos fóruns. Esses só são alguns exemplos de como podemos usufruir do cotidiano digital dos alunos como forma educacional.

A Com8s, que significa colegas, é o nome de uma rede social colaborativa, desenvolvida por brasileiros, destinada a professores e alunos. Neste ambiente, professores e alunos podem compartilhar documentos, criar grupos de estudo, realizar videoconferências, criar calendários de provas e participar de discussões sobre temas de interesse comum, em tempo real. Tudo isso com acesso gratuito. Dentre os benefícios da ferramenta, estão o estímulo à geração de conteúdos, o compartilhamento de ideias e interesses, a colaboração mútua, o enriquecimento da comunicação, a otimização de tempo e a facilidade no processo de aprendizado.

Métricas no Twitter

O próprio Twitter passou a disponibilizar suas ferramentas para que os anunciantes pudessem medir os progressos de suas campanhas. O primeiro, 'Dashboard Analytics' que visa medir os resultados provenientes de toda a campanha paga por meio dos serviços mencionados anteriormentes como as contas, hashtags e tuítes promovidos.

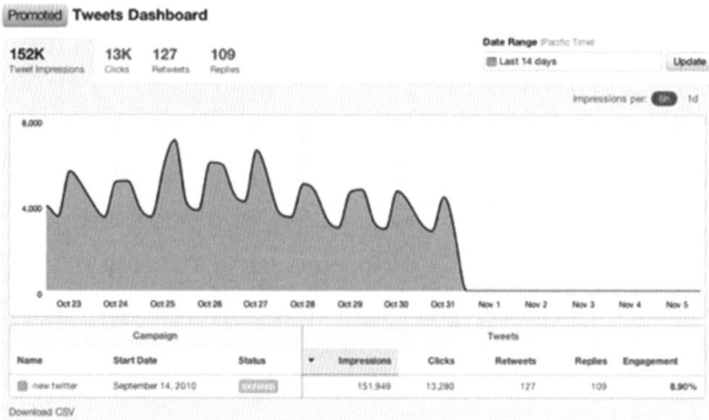

http://readwriteweb.com.br/2010/12/15/anuncio-aos-anunciantes-o-twitter-corporativo/ptweets-dashboard/

A outra ferramenta disponibilizada para as métricas é voltada para todo o conteúdo não-pago da campanha, ou seja, um monitoramento mais abrangente de toda a atividade do perfil corporativo pode ser medido pelo 'Timeline Analytics'.

http://readwriteweb.com.br/2010/12/15/anuncio-aos-anunciantes-o-twitter-corporativo/timeline-activity/

O site Mashable informou que a ferramenta de Analytics do Twitter já está sendo testada por determinados grupos de twitteiros convidados a teste pela rede. Com a nova ferramenta de métricas, perfis pessoais e empresariais terão um acesso simplificado e com maior profundidade a respeito de suas páginas.

Em princípio, o Twitter oferecerá seu novo Analytics de graça e, até o momento, não há planos para torná-lo pago.

Com foco em monitoramento e métricas aconselho duas ótimas ferramentas nacionais: Scup e o Livebuzz. Já das ferramentas internacionais com foco em monitoramento aconselho as seguintes:

Radian6, SocialMention e o Twitter Analyzer.

Marketing Social no Twitter

O conceito de marketing social pode ser aplicado no Twitter. Empresas que adotam iniciativas no terceiro setor podem integrar seus projetos às mídias sociais.

Um exemplo de uma iniciativa criada foi o @veiasocial, projeto sem fins lucrativos que divulga a importância da doação de sangue e procura estumulá-la. Criada via Twitter pelos empresários Lula Ribeiro, Laila Sena e Oscar Ferreira, a proposta é facilitar o encontro entre doadores e receptores de sangue. A ideia nasceu depois de Laila necessitar de cerca de 40 bolsas de sangue para um tratamento pelo qual passava.

O Veia Social conta com site, galeria de fotos, vídeos, blog e outras ferramentas interativas. No site, há divulgação de locais onde ocorrem as coletas de sangue e a possibilidade de envio de pedidos de doação. "A divulgação de nossas ações se dá pelo Twitter, Facebook e via sites e portais, que apoiam a ideia e nos ajudam" de acordo com os empresários.

Rede vermelha

Para fazer parte do Veia Social, é necessário preencher um cadastro no site. As contas são integradas ao Twitter, pelo qual vídeos e fotos postados se tornam públicos.

Os usuários que efetuarem um pedido de doação devem completar um formulário com todas as informações, como tipo de sangue. Todos os dados são analisados e encaminhados para os canais de comunicação da rede.

"Existe uma equipe que recebe as solicitações de pedidos e que fica responsável pela veiculação de informações. A solicitação será publicada em um post no Veia Social e encaminhada para o perfil oficial da instituição no Twitter e no Facebook", explica Laila Sena.

Tumblr

Esta plataforma de microblogging que mistura Twitter com Blog já cresceu mais de 1540% em todo mundo em outubro de 2010 quando comparado ao mesmo período de 2009. Hoje já são quase 10 milhões de blogs criados na plataforma.

Mesmo tendo estreado em 2007 e no mesmo ano ter conquistado muitos adeptos pelo mundo, foi no segundo semestre de 2010 que conquistou os brasileiros, que geralmente procuram imagens e frases dentro dos posts publicados.

Vale ressaltar que muitas empresas passaram a adotar o Tumblr como uma espécie de segundo blog, em que as notícias extraoficiais como o happy hour dos funcionários é compartilhado na web.

Boa parte do sucesso do Tumblr se deve, não só à sua praticidade ou simplicidade, mas também à sua capacidade de integração com outras plataformas como Facebook e Twitter, por exemplo. Todo o conteúdo multimídia do Tumblr pode ser redirecionado e assim multiplicado nas outra plataformas.

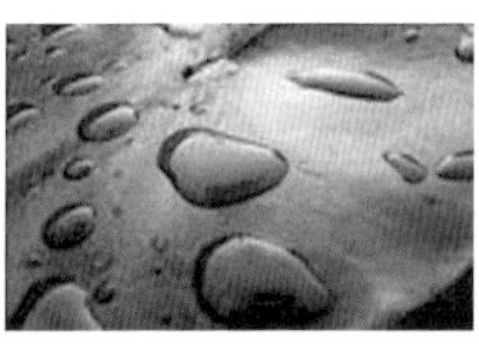

DROPS DE MARKETING "Se você não consegue expressar sua posição em oito palavras ou menos, você não tem uma posição."

Seth Godin

5

Sites de Relacionamento Social

Redes sociais

As pessoas ainda confundem os termos mídias sociais e redes sociais. Considero as redes sociais como parte das mídias sociais.

Os sites de relacionamento ou redes sociais são ambientes que focam reunir pessoas, os chamados membros, que, uma vez inscritos, podem expor seu perfil com dados como fotos pessoais, textos, mensagens e vídeos, além de interagir com outros membros, criando listas de amigos e comunidades.

A maioria das grandes redes sociais, como Orkut ou Facebook, reúne milhões de membros e uma quantidade crescente de funções que permitem às pessoas interagir de diversas formas. Cada rede tem suas regras próprias, que moldam o comportamento de seus membros e definem a forma de interação mais eficiente. Muitas delas incluem seus próprios mecanismos de busca e são fechadas em relação a estes, cujo conteúdo só pode ser encontrado por membros.

A era moderna das redes sociais começou em 2002, quando Jonathan Abrams lançou – isnpirado pela Match.com – o Friendster. Abrams queria que o Friendster fosse um site de encontros que não era sobre namoro. No que muitos consideram ser um dos maiores erros financeiros na história recente, o Friendster rejeitou uma oferta de compra por US$ 30 milhões do gigante de buscas Google.

Aplicações de redes sociais têm exposto sua funcionalidade por meio de interfaces de programação de aplicações (APIs) para desenvolvedores, permitindo-lhes criar aplicações que se conectam ao seu site. A maioria das redes sociais contém o conceito de um grupo – um conjunto de pessoas unidas com um interesse comum. Os membros do grupo podem compartilhar notícias e discussões, e os administradores do grupo podem enviar mensagens privadas para qualquer um. Assim como a maioria das redes sociais, permite que você crie um evento e convide seus amigos para participar.

Facebook

Em outubro de 2003, um estudante do segundo ano da Harvard chamado Mark Zuckerberg invadiu o banco de imagens de nove casas da universidade, e com esse banco de dados, num dormitório da universidade privada, criou o Facemash, um site que permitia que os alunos comparassem duas fotografias de identidade para selecionar a mais atrativa. Nas primeiras 4 horas on-line o site gerou 450 visitas e 22 mil cliques em fotos. Depois da visabilidade que ganhou com o Facemash, Zuckerberg junto com os amigos Eduardo Saverin (Diretor financeiro), Dustin Moskovitz (Programador) e Chris Hughes (Empreendedor) criaram o "Facebook", uma rede social que começou como um site exclusivo para estudantes da Harvard e que continha o e-mail @harvard, até então exclusivo para alunos e funcionários da Harvard. Com 24 horas no ar, o Facebook teve algo em torno de 12.500 mil inscritos. Em dois anos a rede social estava em mais de 25 mil universidades ao redor do mundo, entre alguns países Canadá, México, Reino Unido, Irlanda e Israel. Finalmente, em 11 de setembro 2006, qualquer pessoa com um endereço de e-mail poderia se inscrever.

A história da criação do Facebook foi transformada em filme, cujo título no Brasil é *A Rede Social.*

O Facebook é a maior rede social do mundo, e vem crescendo muito no Brasil nas classes A e B, mas, desde sua tradução para o português em 2008 tem atraído um montante representativo das clases C, D e E. Inclusive em 2010 o Facebook já aparece na lista dos 10 sites mais acessados pelos brasileiros. Além do Brasil, o Facebook ainda precisa conquistar outros grandes países como a

Rússia e a China, pois até a Índia (onde o Orkut também predominava) já foi dominada.

O usuário do Facebook tem em média idade de 38 anos e o site possui mais de 500 milhões de usuários ativos.

Alguns dados chamam a atenção quanto à integração do Facebook ao ambiente mobile, são eles: 100 milhões destes usuários ativos (25% do total) utilizam o Facebook por meio de plataformas móveis ao menos uma vez no mês e 200 milhões dos usuários em atividade já experimentaram acessar o Facebook em dispositivos móveis pelo menos uma vez. Os usuários do Facebook mobile demonstram o dobro de engajamento do que aqueles que utilizam pelo computador (o dobro de visualizações de páginas, interações, entre outros).

Novo Layout

Em mais uma tentativa de inovar, a rede Zuckerberg estreou seu novo layout no fim de 2010. Uma das grandes mudanças foi a abolição do famoso "No que você esta pensando agora?" onipresente no mural dos usuários até pouco tempo atrás.

Dentre outras mudanças, a adição de informações como idiomas e os grupos de amigos na lateral esquerda são as mais notáveis.

Alguns dados chamam a atenção quanto à integração do Facebook ao ambiente mobile, são eles: 100 milhões destes usuários ativos (25% do total) utilizam o Facebook por meio de plataformas móveis ao menos uma vez no mês e 200 milhões dos usuários em atividade já experimentaram acessar o Facebook em dispositivos móveis pelo menos uma vez. Usuários do Facebook *mobile* demonstram o dobro de engajamento do que aqueles que utilizam pelo computador (o dobro de visualizações de páginas, interações, entre outros).

#dica #facebook

Facebook Friend Wheel – É um aplicativo para Facebook que organiza a sua lista de amigos em um grande círculo formado por pontos interligados. Ao colocar o mouse sobre esses pontos você pode visualizar o detalhamento das interconexões daquele amigo em particular.

TouchGraph – É um aplicativo para Facebook que mostra as conexões entre seus amigos, lugares e fotos. Use o botão **Curtir** no seu site e blog para poder interagir com seus usuários. Por meio dele, você pode favoritar eventos, notícias, fotos etc, além de divulgar o seu Facebook ou a sua empresa. Essa é mais uma ferramenta de compartilhamento de mídia, no estilo dos populares Digg e Reddit, mas desta vez relacionada ao gigante das mídias sociais.

Itstrending – Trends Topic do Facebook – Esse site publica as notícias e links mais populares do Facebook de maneira integrada. Dentre seu conteúdo, o mais compartilhado, o mais acessado, o mais falado do momento entre os vídeos, games, notícias, entre outros. #ficadica

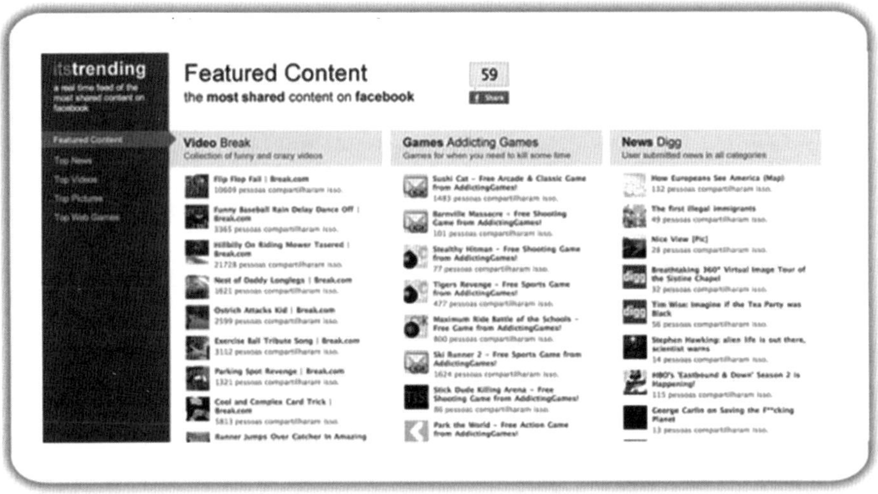

LikeButton.me – Social Plugin

Por meio desse site você pode ver o que seus amigos estão "favoritando" em diversos sites e mídias sociais. Ele os feeds e segmenta tudo em uma única página facilitando a visualização e o monitoramento.

Apps para segurança

Segundo dados da Nielsen Online, as mídias sociais têm apresentado crescimento duas vezes maior que os outros setores digitais, como a busca, os portais, os softwares em geral e o e-mail. Seguindo a febre de aplicativos nas mídias sociais, a empresa de antivírus Norton disponibiliza um app para Facebook chamado Norton Safe Web em que busca ameaças em notícias e feeds nos perfis dos usuários.

Integre o Twitter ao Facebook

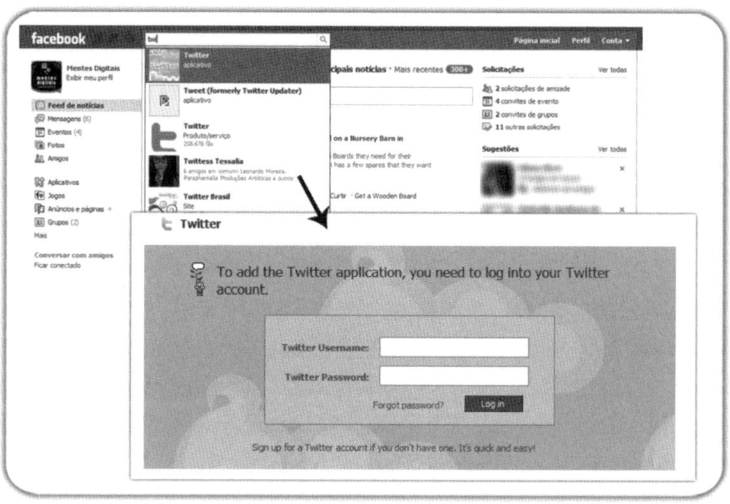

- Para integrar o Twitter, ingresse em sua conta do Facebook, clique na barra de buscas (search) e digite a palavra Twitter.
- Clique na barra Applications, selecione a opção Twitter. Na tela seguinte, clique no botão Go to Application.
- A tela seguinte pede que você entre no Twitter para que o plugin possa ser configurado.
- Clique no botão Allow e a seguir faça o login em sua conta do Twitter.

- Você já pode acessar o Twitter via Facebook, e todas as suas atualizações e as de seus contatos serão mostradas. Você também pode fazer com que seu status do Facebook seja mostrado no Twitter, clicando no botão Allow Twitter update your Facebook status.
- Clique o botão Allow status update para que suas atividades sejam postadas no Twitter sob a forma de atualizações.

Assim como no Twitter, no Facebook é importante lançar novas informações, fotos e vídeos regularmente para manter seus clientes atualizados. Responder às mensagens e perguntas deixadas em seu quadro de discussão e "Wall" em 24 horas. Postar todos os seus eventos, vídeos e fotos relevantes para o Facebook. Atividade consistente e compartilhamento ativo são essenciais para o sucesso no Facebook. Desenvolver uma estratégia para atrair os fãs, que podem envolver tanto abordagens remuneradas quanto não remuneradas.

Promover a página do Facebook fora do Facebook para atrair mais fãs. Isso pode ser tão simples como "Encontre-nos no Facebook". Certifique-se de rever as diretrizes do Facebook para a promoção externa. O Facebook também oferece um botão "compartilhar" que você pode adicionar ao seu site para tornar mais fácil o compartilhamento do seu conteúdo no Facebook.

O Facebook oferece uma série de recursos que podem ser usados para comercializar produtos e serviços, bem como um negócio na página da web. Por exemplo, anúncios Facebook oferecem a capacidade de atingir um nicho de mercado com base na idade, sexo, interesses, localização e muito mais.

Bases potenciais de marketing do Facebook

- *Criar um perfil.* Esta é a sua presença e expressa a paixão que você tem pela sua marca. É uma página crucial e a mais frequentemente pesquisada da sua presença on-line. Partilhe a história de seu produto ou serviço, como você começou, como você cresceu/evoluiu, que posição você ocupa etc.

- *Promover eventos.* Poste seus eventos de marketing, traga notícias da empresa para seus clientes, parceiros e para as pessoas em geral.
- *Enviar mensagens.* Você pode enviá-las para um grupo mais cativo, aqueles que estão em sua rede, ou fora da sua rede, funciona muito bem.
- *Realizar pesquisas.* Você pode realizar pesquisas de mercado no seu mercado-alvo com essa oferta. Uma das maiores vantagens do anúncio é que você provavelmente vai receber um grande número de respostas em apenas algumas horas.
- *Participar de grupos pertinentes.* Use o recurso de grupo do site para se conectar com o seu público-alvo.
- *Criar um grupo para seu negócio.* Grupos são a maneira mais antiga e mais simples de construir uma comunidade em torno de sua marca ou empresa no Facebook. Isso servirá como um local central para reunir pessoas e participar de conversas em torno de sua marca. Você pode postar fotos, tópicos de discussão, vídeos e links, bem como facilitar o envio de notícias e atualizações para os membros do seu grupo quantas vezes quiser. Os grupos também são uma das maneiras mais simples de fazer marketing viral no Facebook. Uma alternativa é criar uma página para o seu negócio, que é similar aos grupos, mas é mais, por sua vez, personalizável e obtém mais proeminente "propriedade".
- *Atribuir a uma agência digital* ou a uma pessoa específica a criação e gerenciamento de sua página do Facebook para garantir atualizações de novos recursos, informação, fotos e vídeos. Atividade constante e compartilhamento ativo são essenciais para o sucesso no Facebook.
- *Criar uma estratégia de marketing* para atrair fãs para o Facebook, o que pode envolver abordagens tanto remuneradas quanto não remuneradas.
- *Promover a sua página* no Facebook fora Facebook. O anúncio do seu material de marketing, site etc.

- *Estabelecer um crachá no Facebook.* O Facebook descreve o crachá como uma forma de "de personalizar e compartilhar o seu Facebook com outros sites". Criando o seu próprio crachá, você ligará os amigos do Facebook ao site da sua empresa na internet.

O Facebook agora tem streaming e geolocalização. O streaming é uma parceria com a Livestream; o FacebookLive incorpora o dispositivo Live Feed, que permite ver o que os demais usuários postam em tempo real.

Já o Facebook Place, similar ao Foursquare, permite que os usuários façam check-ins. São mais opções para os usuários da rede social, que ainda tem um mercado bastante grande para conquistar no Brasil.

Publicidade no Facebook

Similar ao Adwords, as empresas podem anunciar no Facebook. Com um alto poder de alcance e possibilidades de segmentação, o sistema funciona por leilão e os anúncios são exibidos no lado direito do site.

Integre seu site com o Facebook via plug-ins sociais

Fazer com que o usuário tenha a possibilidade de "curtir" no seu site é uma ferramenta de integração importante.

Cases Facebook

Case da Coca-Cola

A Coca-Cola tem atraído um amplo grupo no Facebook, no qual inúmeros fãs prestam homenagem à "coisa real" com sites que eles próprios criaram. No caso da Coca-Cola, a empresa fica satisfeita em deixar que seus fãs a elogiem de qualquer forma que desejem. E, de acordo com o The Atlanta Journal-Constituition, tenta não invadir com as próprias proposições de vendas e afins, preferindo deixar os usuários da rede ditarem a interação que desejam. O discernimento da Coca-Cola, a intromissão demais e os fãs on-line podem começar a reagir da mesma forma que as pessoas respondem ao pessoal de telemarketing que liga na hora do jantar.

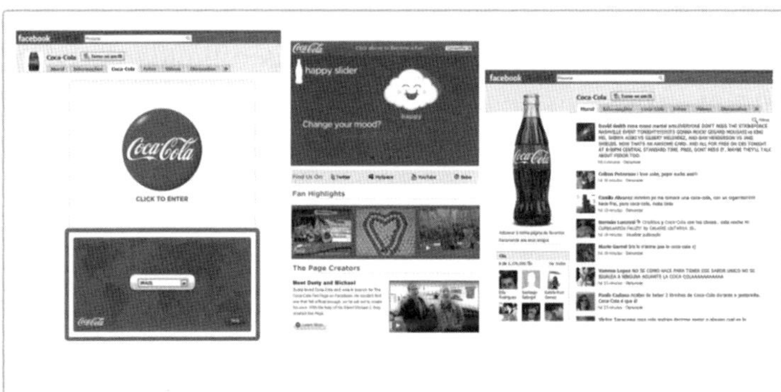

Case do Visa

O Visa também entrou na rede social. Mas em vez de tentar criar uma comunidade on-line própria, a empresa tomou partido de uma já pronta – o Facebook – para lançar o Visa Business Network.

A empresa usou alguns anúncios impressos tradicionais e de mídia on-line, mas o grosso da propaganda compreendeu anúncios que apareceram nos agregadores de notícias dos usuários do Facebook e em conteúdos de blogs. Em alguns meses, o Visa Business Network contabilizava 21 mil perfis de pequenas empresas em seu site, ultrapassando todas as suas expectativas.

Social e-commmerce

Mark Zuckerberg contratou o especialista em e-commerce, David Fisch, objetivando transformar a rede social em um ambiente híbrido de recomendação e e-commerce. O Facebook pretende manter-se como uma Rede social, mas agora integrando novas funcionalidades para compras, com a possibilidade de recomendações e comentários dos seus usuários. Os laços sociais e o behavior targeting terão uma ligação forte com o SCRM (Social Customer Relationship Management).

Linkedin

O Linkedin, lançado em maio de 2003, é um site que busca a criação de redes sociais voltadas aos negócios. Ele é muito diferente dos sites de relacionamento pessoal, como Orkut, Facebook e MySpace, voltados ao público em geral. Ele está focado em profissionais e seu desejo de construir uma rede de contatos profissionais que de fato possa ser utilizada nos negócios.

Os relacionamentos no Linkedin são chamados de conexões e são originados em algum tipo de relacionamento existente na vida real. Com essa rede inicial, você pode solicitar conexões com pessoas que estejam conectadas às redes de seus colegas, mas, nesse caso, ele tem de recomendar você, ou seja, aceitar que você convide alguém de suas conexões profissionais baseadas em uma rede de relacionamentos e interesses reais. O Linkedin é uma espécie de currículo profissional, em que consta sua posição atual, os cargos que exerceu, sua escolaridade, seus sites, particularmente sites de empresas, e seu blog.

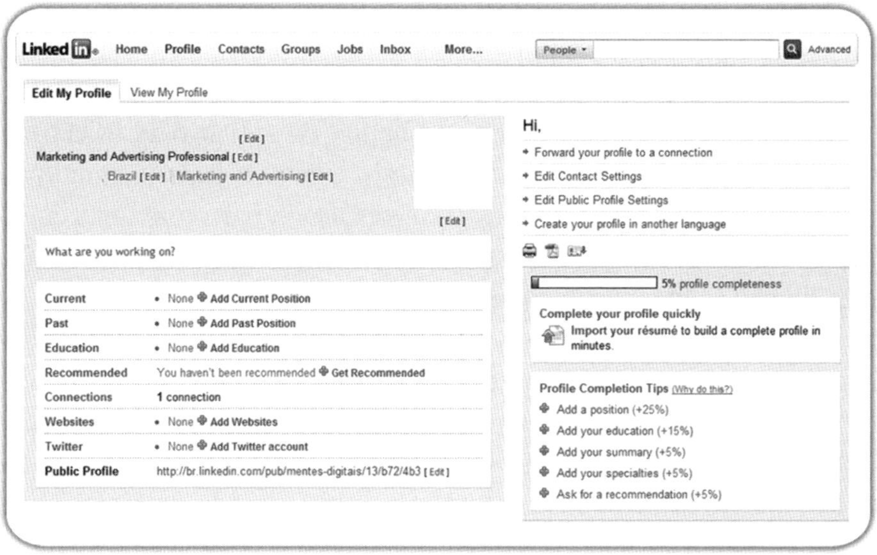

Ele pode ser utilizado quando o perfil do seu público-alvo for adequado aos membros do Linkedin, como é o caso de empresas de recursos humanos, de ensino, de negócios ou focadas no B2B ("business-to-business"). Excelente mídia social para ser utilizada no desenvolvimento de networking profissional ou de sua empresa, contribuindo para a localização de novos colaboradores, parceiros e clientes.

Ele não inclui qualquer recurso de compartilhamento de fotos, e foi o último grande site de redes sociais a permitir aos usuários postar fotos de si mesmos em seus perfis. Na Europa, já rompeu a barreira dos 11 milhões de membros, no mundo todo mais de 45 milhões de usuários continuam voltando ao Linkedin porque recebem benefícios reais e compartilham conhecimentos com outros profissionais.

O Linkedin tem lucrado, nos últimos dois anos, com um modelo sólido de receita dividido em três correntes: propaganda, assinaturas Premium e soluções corporativas. Com seu foco de negócios, o Linkedin tem seus usuários com uma idade média de 44 anos.

As pessoas percebem a importância de uma boa reputação profissional, o que resulta em mais membros se inscrevendo e interagindo. A maioria dos usuários é dos Estados Unidos, mas está se tornando cada vez mais popular na América Latina, especialmente entre gerentes e executivos de empresas e governos. Muitos usuários encontram melhores empregos depois de entrar para essa rede, mas ela também ajuda a manter contato com os colegas de qualquer lugar do mundo. A ferramenta pode ser usada para manter o currículo on-line, visto que é uma maneira de "estar visível", porque o link gerado por cada usuário pode ser usado como um website.

Pegando carona no Twitter, o Linkedin possui um botão para seguir empresas. Tal ferramenta possibilita acompanhar a atividade das empresas na rede por meio de alertas em tempo real sobre atualizações em seus perfis. O objetivo é manter os usuários mais próximos de informações sobre oportunidades de negócio e emprego, mudanças organizacionais e lançamentos de produtos.

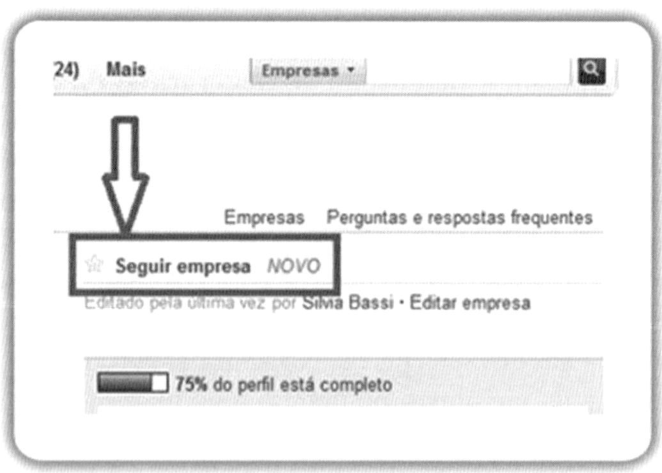

#dica #linkedin

Como no Twitter, o Linkedin possui um botão para “seguir” empresas. Tal ferramenta possibilita acompanhar a atividade das empresas na rede através de alertas em tempo real sobre atualizações em seus perfis. O objetivo é manter os usuários mais próximos de informações sobre oportunidades de negócio e emprego, mudanças organizacionais, lançamentos de produtos.

Sua conta LinkedIn pode incluir posts recentes de seu blog, bem como as apresentações que você carregou no SlideShare.

Outras dicas importantes são:

- Personalize a sua URL. Informações do seu perfil podem ser indexadas pelos motores de busca. Perfis do LinkedIn têm posições altas no Google. Em vez de usar a URL padrão, personalize o seu com o nome de sua empresa. Se você for uma pequena empresa que não é bem conhecida, considere o uso de uma palavra-chave grande.
- Inclua uma foto. Uma imagem ajuda você a ser lembrado pelas pessoas quando houver um encontro pessoal. Perfis com fotos são mais prováveis de serem contatados.
- Certifique-se que a sua entrada não contém erros de ortografia ou de outra ordem.
- Use “status de visibilidade”, versão interna do LinkedIn Twitter para manter suas conexões atuais sobre o que é importante para você hoje. Baseado no que você está fazendo, eles podem chegar para ajudá-lo.
- Use o resumo para mostrar que você está qualificado para fazer e o que você quer fazer. Recorra à “experiência” na área de apoio ao sumário.
- Toque na área de “Especialidades” para digitar as palavras-chave associadas com as pessoas que você deseja atrair. Essas são iscas, e você quer que os membros do LinkedIn procurem por essas palavras-chave para encontrá-lo.

- Dê ao seu perfil maior visibilidade. Use a sua URL personalizada LinkedIn quando você deixar comentários sobre negócios ou em blogs específicos.
- Utilize técnicas de SMO (Social Media Optimization) e otimize seu perfil. Use as palavras-chave da sua marca pessoal!
- Sua conta no Linkedin pode incluir posts recentes de seu blog, bem como as apresentações que você carregou no SlideShare.
- O LinkedIn baseia-se no networking, cujo conceito é: uma rede de relacionamento que você constrói em sua área de atuação. Qualquer profissional de determinada área de atividades pode montar uma rede de contatos e relacionamentos.
- Estatísticas mostram que cerca de 50% a 70% das pessoas têm seu último emprego graças a indicações de contatos de seu network pessoal.
- Ter um bom *networking*, com os contatos certos, é trabalho que se faz não da noite para o dia; é uma atividade que se faz no dia a dia.

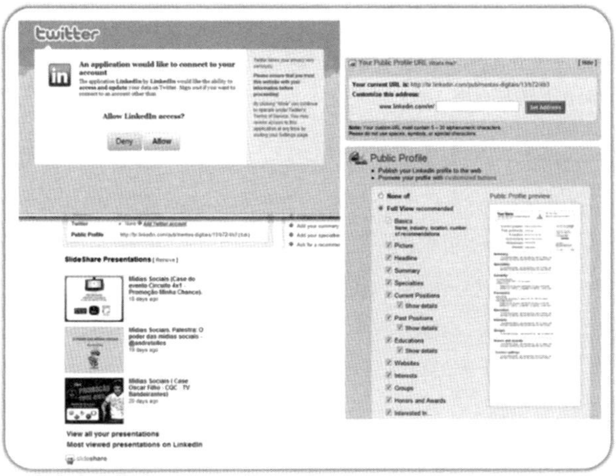

Outros exemplos de redes sociais usadas para profissionais são: Plaxo, Via6, Glassdoor e Alludere. #ficadica

Formspring

formspring.me

Por meio do **Formspring**, você pode disponibilizar mais um canal para seu público esclarecer dúvidas e conversar. Possui mais de 4 milhões de usuários no Brasil enquanto nos Estados Unidos, apenas 2 milhões de usuários foram computados, ou seja, os brasileiros já são os principais usuários desta plataforma baseada em perguntas e respostas, muitas vezes substituindo o FAQ tradicional da empresa. Essa rede é importante que seja utilizada de forma integrada a outras redes sociais como Twitter, Facebook, Tumblr ou Blogger, sem esquecer o seu site ou a sua empresa. Não espere apenas que o usuário pergunte, vá atrás dele e estimule perguntas. O Formspring pode vir a substituir o FAQ tradicional. Algumas empresas já o utilizam e têm tido um ótimo feedback, devido a sua instantaneidade e possibilidade de integração, além de ser um ambiente mais seguro em razão da possibilidade de moderação das perguntas.

Porém, o uso dessa integração com outras mídias sociais deve ser feito com cautela para não se tornar inconveniente. Os usuários podem receber unfollow por excesso de perguntas seguidas, no timeline do Twitter, por exemplo, então, é preciso ter sensibilidade e respeito aos usuários.

Dica de privacidade no Formspring

Para personalizar a frase "Ask me anything" (Pergunte-me alguma coisa) e configurar o Formspring para não aceitar perguntas de pessoas que não são cadastradas.

Então entre na sua conta do Formspring.me e vá para "Settings" (Configurações), por padrão já abrirá na aba "Profile", onde vamos fazer as configurações abaixo.

Spams, prevenção de abusos

Se você deseja que os visitantes do microblog Formspring.me, que não são cadastrados, não tenham direito de perguntar, basta marcar esta caixa e salvar: "Don't allow questions from who haven't logged in". Assim, apenas quem pode fazer login no sistema poderá te fazer perguntas.

Case Formspring

O usuário faz perguntas e o especialista do Santander responde fazendo com que o Formspring seja um canal interativo de orientação financeira. Simples, prático e funcional.

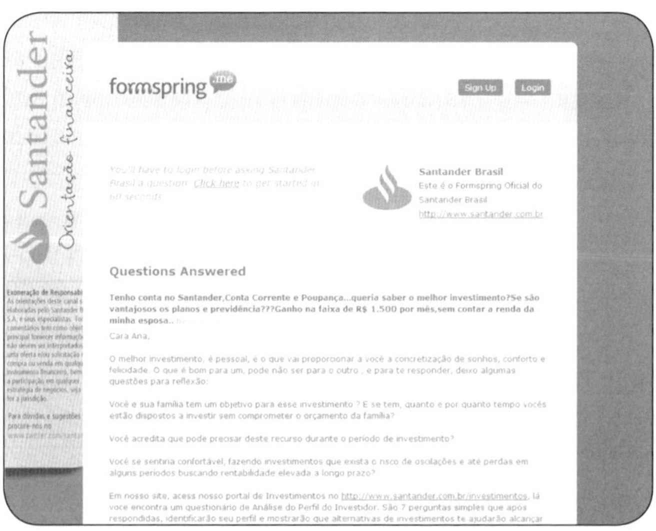

Posso citar como exemplo de um bom perfil governamental o do Governo de São Paulo, que responde questionamentos da população e o do Ministério da Saúde do Brasil, em que um especialista responde às várias perguntas enviadas com relação à saúde. Outros bons exemplos de perfis no Formspring são do economista e ex-prefeito do Rio de Janeiro, César Maia, que responde a perguntas sempre de maneira breve e informal. A pioneira da boa utilização das mídias sociais O Boticário, em que o maquiador Fernando Torquatto responde a todas as questões e desvenda os mistérios da linha Secrets, o novo segredo de beleza. Temos também o exemplo do empresário Fábio Seixas, do site Camisetaria.com. que utiliza a ferramenta de forma inteligente.

Ligado ao segmento do turismo, posso citar o do Rio Quente Resorts que responde a todas as dúvidas sobre valores de hospedagem, preço de ingresso e atrações.

Um exemplo polêmico é o da ex-garota de programa, Bruna Surfistinha que tira dúvidas relacionadas a sexo.

Para entender melhor o que é o Formspring, sugiro o seguinte vídeo: http://ow.ly/1Exun.

MySpace

O MySpace foi o primeiro site de rede social que permitiu aos usuários personalizar seus perfis. Ele mantém a popularidade com adolescentes, músicos e outros artistas. No Brasil o MySpace tem uma baixa adesão, mas já atingiu a marca dos 130 milhões de usuário pelo mundo. Ele ainda dá ao usuário mais liberdade para personalizar do que qualquer uma das outras redes, mas muitos usuários abusaram dessa habilidade como montar gráficos e músicas que tocam automaticamente num piscar de olhos. Interessados em ter relacionamento com a vida noturna ou comunidades de música, o MySpace é uma boa escolha.

Bandas e artistas musicais devem inscrever-se em perfis de artistas no MySpace. Uma das características mais importantes é ser autorizado a publicar uma série de músicas no site da banda.

Isso é essencial para dar às pessoas acesso à sua música, para que possam ver se gostam.

O MySpace ganhou mais popularidade no Brasil após o sucesso estrondoso de Mallu Magalhães, uma usuária que começou a fazer um burburinho na rede após a publicação de suas músicas, que rendiam milhares de visitas ao seu perfil. Graças a isso, ela conseguiu um contrato com uma gravadora e levou o seu sucesso do on-line para o off-line.

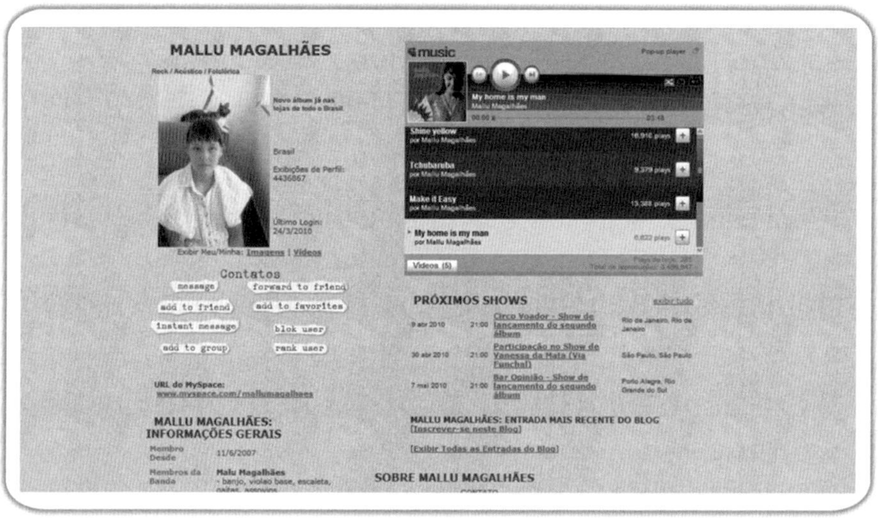

Mallu Magalhães é um exemplo de que as gravadoras começaram a procurar talentos na web.

Novo Layout

No novo layout, estreado em meados de 2010, a foto do perfil e os menus de navegação ficaram juntos à esquerda.Uma timeline, onde o usuário compartilha suas atualizações, publicação de fotos, tuítes agora ocupa o espaço central. Os amigos, links, widgets e outras informações ficaram alinhadas à direita. Estas mudanças deram mais navegabilidade ao MySpace e muitos já dizem que aos poucos a rede vai se assemelhando a uma revista digital.

Ferramentas MySpace

O MySpace possui uma quantidade razoável de aplicativos para integração ou sincronização com o Twitter. Dois deles: o iTwitter e o Twitter Sinc.

Assim como o Facebook proporciona a possibilidade de criação de anúncios e links patrocinados, o MySpace também disponibiliza a ferramenta MySpace My Ads, que oferece a capacidade de executar uma campanha efetiva de marketing dentro de sua rede social. Com o MySpace My Ads, qualquer um pode projetar sua própria publicidade, escolher quais usuários irão vê-la exibida em todo MySpace dependendo das características de gênero e localização, e, em seguida, pagar com base no número de cliques que o anúncio receber.

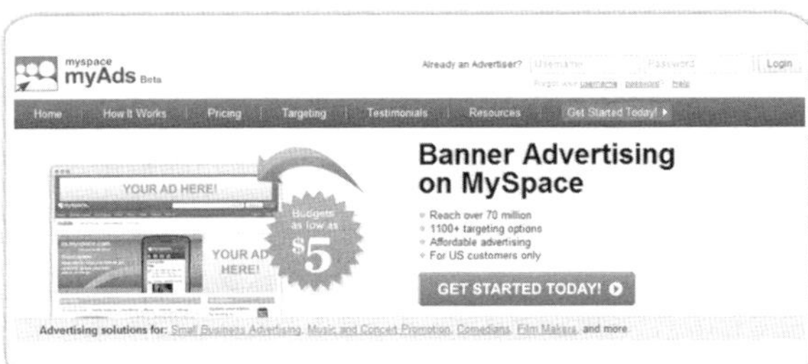

O ideal é que sua página no MySpace seja personalizada e com a identidade visual das suas demais mídias sociais, e posso citar um site que poderá lhe ajudar a desenvolver gratuitamente seu perfil no MySpace: http://www.freelayouts.com/myspace-layouts.

Orkut

O Orkut, pertencente ao Google, foi a primeira grande rede social a se desenvolver no Brasil, ainda é a primeira rede social mais acessada no país e tem grande força nas classes B, C, D e nos usuários entrantes da Internet (houve uma migração demográfica na classe A do Orkut para o Facebook no Brasil).

Ações de marketing viral podem ser estimuladas no Orkut. Essas ações virais devem ser alimentadas nos seus primeiros estágios para que cresçam e deem o resultado esperado. Crie algo que dê incentivos para que as pessoas multipliquem sua mensagem nas diversas comunidades do Orkut e entre amigos. Pense em como gerar buzz, como algo engraçado, curioso e inesperado. Imagine o potencial viral dessa rede social, já que o Orkut possui mais de 40 milhões de usuários, sendo em média 52% brasileiros. Faça com que os usuários falem por você. Uma mensagem é mais bem recebida se ela vem de uma fonte confiável. Melhor do que você mandar uma mensagem direta a um grupo de pessoas no Orkut, é fazer com que outras pessoas passem a mesma mensagem para os próprios amigos. Assim a mensagem chega com muito mais credibilidade. Disponibilize informações relevantes em locais adequados para que isso fomente o boca a boca.

Criar uma comunidade para a sua marca ou que fale do seu *core-bussiness* no Orkut é uma estratégia bastante interessante. Procure desenvolvê-la colaborando ativamente. Crie relacionamento com pessoas-chave da sua área de atuação. Isso tudo ajuda a criar um grau de confiança maior na sua comunidade. As estratégias no Orkut são imersões nesse universo de transparência nas relações entre empresa e consumidores. Com seu perfil no Orkut, participe das comunidades ligadas a seu consumidor. Participe dos fóruns, enquetes e convide pessoas de seu interesse para serem amigos de seu perfil.

Recentemente o Google abriu suas APIs para os desenvolvedores a criação de pequenas aplicações, ou widgets, o que está se proliferando no Orkut. Esses aplicativos são os chamados "apps", encontrados no lado esquerdo das páginas do Orkut. Os desenvolvedores da web encontraram um novo mercado. Algumas empresas foram pioneiras nesse tipo de ação no Orkut, como é o caso da UOL, que lançou o widget do PagSeguro para o Orkut; da BuscaPé, com o widget “Compra Comigo”; e de vários times de futebol com os apps “Sou do time tal”. Os apps são possibilidades interessantes para divulgar seu negócio de forma oficial no Orkut.

Por ser a maior rede social do Brasil, acaba sendo a que tem mais segmentos de público espalhados pelas milhares de comunidades. São diversos os nichos a ser explorados no Orkut, o que pode ser utilizado como fonte de pesquisa qualitativa gratuita.

Pesquise por sua empresa no Orkut, a probabilidade de você achar algum usuário falando dela é bastante grande.

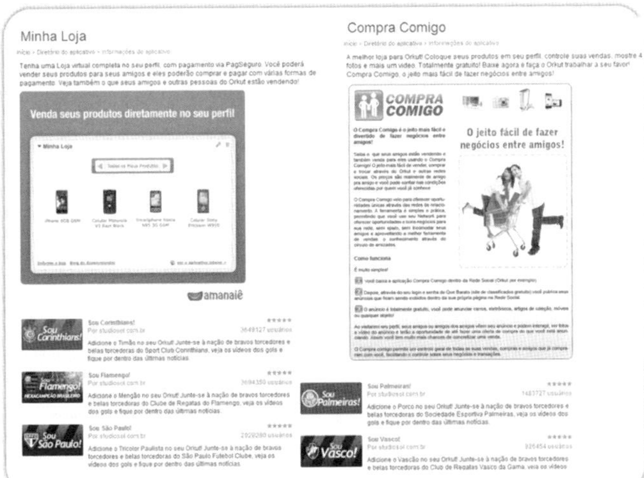

#dicas #orkut

Promova no Orkut

As propagandas e os anúncios são populares no Orkut, aquelas que não têm relevância para os usuários e são mal-feitas, com aquele jeitão de spam, acabaram por enfraquecer a maior rede social do Brasil, pois se tornaram incômodas, como qualquer tipo de spam. Para se fazer uma campanha em qualquer rede social, é necessário planejamento estratégico e conhecimento da linguagem usada nas diferentes redes sociais e comunidades. Algumas perguntas são fundamentais para ser feitas antes do lançamento de qualquer campanha em redes sociais, são elas:

- Como participar das diferentes redes sociais?
- Que informações divulgar?
- Como integrar a comunicação e o marketing entre as redes sociais?
- Como, o que e de quanto em quanto tempo monitorar?
- Como seria a interação e a moderação com o público-alvo?
- Como linkar o site da empresa nas redes sociais?
- Como gerar informações relevantes para o segmento de mercado?

Como a maioria dos usuários ainda faz suas campanhas de forma muito amadora, inundando a página do destinatário de recados com propagandas indesejadas, o Google resolveu dar uma força para quem quer divulgar seus produtos e serviços dentro do Orkut. Foi criada a ferramenta "promova".

O "promova" facilita a divulgação de textos, de fotos originais dos álbuns do Orkut e de vídeos originais do YouTube para amigos do Orkut. Com essa nova ferramenta, o usuário terá:

- os recursos integrados "divulgar" e "lixeira", que permitem enviar as promoções para todos os amigos e excluir aquelas de que não gosta, para que nunca apareçam novamente;
- a ferramenta "minhas promoções" mostra quantos usuários visualizaram, clicaram ou excluíram as promoções, bem como até onde elas chegaram;
- a capacidade de interromper ou excluir uma promoção criada a qualquer momento;
- o "promova" está no canto superior direito da página de perfil e na página inicial de amigos, no mesmo lugar onde os anúncios contextuais pagos geralmente aparecem no Orkut.

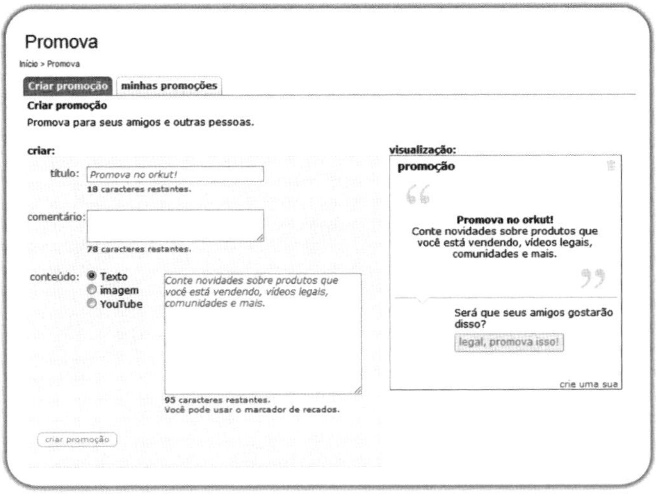

Nova versão

A nova versão do Orkut está mais dinâmica (e mais parecida com o Facebook). Agora as fotos abrem em formato pop-up, por exemplo. Outra novidade é que o sistema passou a sugerir amigos. Também dá pra trocar a cor da página pessoal. Comentários e mensagens na página de terceiros podem ser feitos sem que se saia do próprio perfil.

Entre as novidades do Orkut é possível destacar a "badgemania", em que o Orkut assumiu o nome de "selos" em que os usuários vão ganhando selos como símbolos de conquistas dentro da rede. A abertura das comunidades para a indexação em buscadores como o Google e o Bing também são novidades importantes.

Campanha do Novo Orkut

Para lançar a nova versão do Orkut, o Google lançou uma campanha bastante interessante onde ultrapassava até os muros da internet. Para viralizar a campanha, eles utilizaram um influente blogueiro, Danilo Miedi, e transformou o seu respectivo blog no ponto central da campanha. A ousada campanha também buscou apoio de diversos famosos influentes na internet, como Os Seminovos, Skank e Detonautas.

A partir daí, vários vídeos virais foram criados.

A campanha gerou tanta repercussão por parte dos usuários, que, até no ambiente off-line, o Novo Orkut era tema central em rodas de amigos, universidades e bares. Muitos cobiçavam o tal convite para o novo Orkut, até no mercado livre foram vendidos.

Esse foi um exemplo de uma campanha que utilizou técnicas de marketing de guerrilha na maior rede social do Brasil. E ainda assim, há aqueles empresários que não veem potencial nessa ferramenta, e os que veem, têm medo ou não sabem como agir.

Perguntas e Respostas sobre o Novo Orkut

Veja agora as 10 perguntas frequentes sobre o novo Orkut e suas respostas resumidas. As perguntas foram retiradas do portal Terra.

1. O que mudou no Orkut?

Por dentro, várias coisas. Os desenvolvedores do Google praticamente reescreveram o site a partir do zero, deixando-o mais leve e mais rápido.

2. Entrei no Orkut e não vi nada diferente. Cadê?

A mudança para o "novo" Orkut não é automática. O Google resolveu fazer um repeteco de quando o serviço estreou, e você só pode migrar para a nova interface se for convidado por alguém que já tem acesso a ela.

3. Não fui convidado, vou ficar pra sempre no "velho" Orkut?
Não. Segundo o Google, todos os usuários terão acesso à nova página.

4. E até lá o que eu faço?
Continue usando o Orkut normalmente. Nada muda para quem está na velha interface, e você não perde nenhuma função e nem os dados, fotos, scraps e depoimentos que já tem lá.

5. Tem algum jeito de eu ganhar um convite sem ficar esperando pela boa vontade de alguém?
Tem: *acompanhe o blog do "usuário símbolo" do novo Orkut, o fictício Danilo Miedi. O Google promete "atividades" que poderão resultar em convites para os visitantes. Fique de olho também no blog oficial do Orkut, em blog.orkut.com.*

6. Fui convidado, como faço para mudar? Vou ficar com dois perfis? Quem tem o Orkut antigo vai conseguir falar comigo?
Quando você for convidado, vai ver no topo da página um link que diz "Experimente o novo Orkut". Basta clicar nele, aguardar alguns segundos e pronto! Orkut de cara nova. Você não perde nenhum contato, amigo ou mensagem, tudo migra automaticamente. Seu perfil não será duplicado: quem está no Orkut novo vê seu perfil com visual novo, quem está no antigo vê com o visual antigo, e o que você postar será visível para ambos.

7. Vai ser pago?
Não, o Orkut não vai ser pago. Essa é uma das grandes lendas da internet brasileira.

8. Ouvi dizer que não funciona com o Internet Explorer 6. É verdade?
É verdade. Você vai ter que, obrigatoriamente, atualizar seu navegador ou instalar outro.

9. O Google fez alguma coisa para acabar com o povo que rouba

perfis e comunidades?
Não "explicitamente", mas o Orkut foi reescrito do zero usando ferramentas modernas como o GWT (Google Web Toolkit), e acreditamos que a segurança foi um dos principais assuntos em pauta no projeto.

10. Mudei e não gostei. Posso voltar pro Orkut antigo?
Pode. Clique no link "versão anterior" (older version) no canto superior direito da página.

E o Orkut morreu?

Como houve uma grande migração dos usuários, principalmente das classes A e B para o Facebook, muitos acharam que o Orkut perderia seu posto de liderança como rede social com maior número de usuários no país, o que ainda não aconteceu. Portanto, avalie bem seu público antes de descartar esta rede pioneira no Brasil do seu plano de SMM.

Google Buzz

O serviço é semelhante ao feed de notícias do Facebook, ao Twitter e ao próprio Google Wave.

Quando o Google lançou o inovador e promissor Wave, fez um barulho tremendo – um buzz. Mas ao que parece parou aí. A complexidade e a instabilidade do serviço afastaram até os usuários mais geeks. Os mais atentos se perguntavam por que não havia nem um link sequer do Wave dentro do Gmail (mesmo para quem já havia sido convidado).

Foi o que fizeram agora – mas com outro produto. O recém-lançado Buzz é um serviço adicionado ao Gmail, quase idêntico ao feed de notícias do Facebook e o Twitter (e até certa extensão com o próprio Wave).

A proximidade com o Gmail é justamente o seu grande trunfo. O produto já nasce com uma base de usuários pronta – 176 milhões de usuários únicos por mês. Quanto optar por fazer parte da brincadeira, você seguirá seus contatos do Gmail automaticamente. Parece-me que o Google Buzz não decolará no Brasil como uma rede social virtual.

Segundo Sjors Timmer, entender o usuário com psicologia, sociologia e marketing será cada vez mais importante online.

Cerca de 70% do algoritmo do Google é baseado em links e, quando mais on-topic seus links forem, melhor. Sendo assim, você precisa de uma estratégia muito bem focada para aparecer no topo das buscas. Quanto mais influente for aquela pessoa, mais forte é o link.

Antes você tentava fazer com que um pequeno grupo, donos de sites, fizessem links para você, mas agora temos uma enorme quantidade de conteúdo gerado por usuários, blogs e perfis. Crie relações com eles, ofereça um bom conteúdo para ser linkado e terá uma rede inteira de pessoas dentro de um nicho com quem você pode se conectar.

O Google anunciou a incorporação de resultados em "tempo real" às suas pesquisas. O usuário receberá conteúdos mais recentes do Twitter, Yahoo Respostas, Facebook, MySpace e blogs, atualizados automaticamente. Mais do que nunca, as mídias sociais são importantes para o processo de SEO (Otimização dos Mecanismos de Busca).

Ning

Ning é uma plataforma que possibilita que você crie sua própria rede social, permitindo que a empresa crie uma rede social relacionada a um tema de interesse.

As redes sociais devem ser necessariamente trabalhadas no marketing de relacionamento. Você pode difundir informações trabalhando com mensagens virais e atraindo participantes das redes para seu blog ou site, mas todas essas ações funcionam muito melhor se você de fato desenvolveu um relacionamento mais amplo com os membros de uma comunidade do seu tema de interesse. O Ning pode ser usado de várias maneiras, dependendo das necessidades e intenções dos usuários. Um artista pode usar o Ning para criar uma rede social baseada em arte, e então usá-lo para responder perguntas dos fãs, manter a audiência informada das próximas datas importantes e postar imagens do artista ou da obra de arte.

As redes verticais

Um exemplo real é o geracaodigital.ning.com, rede social voltada para estudantes e profissionais de marketing digital, criada pelo publicitário Gabriel Leite.

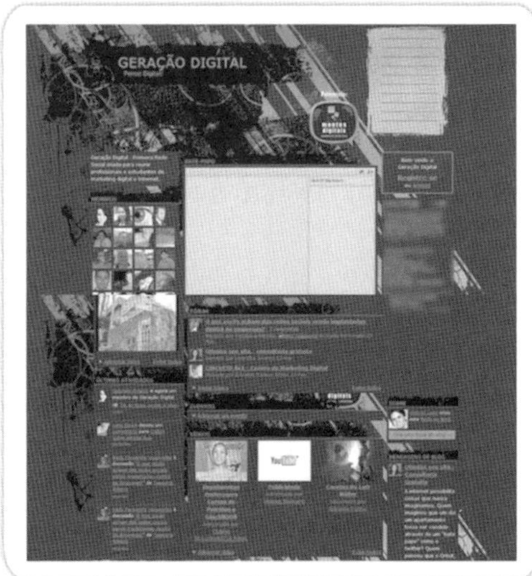

Outros exemplos

- http://marketingdigital.ning.com
- http://openinnovationbrasil.ning.com
- http://comunicacaosocialemrede.ning.com
- http://idegasperi.ning.com
- http://redeabradi.ning.com
- http://clickaqui.ning.com
- http://batepapoecommerce.ning.com
- http://escoladeredes.ning.com
- http://papercliq.ning.com
- http://pedigital.ning.com
- http://revistainfo.ning.com
- http://interatores.ning.com
- http://campidigital.ning.com
- http://iabbrasil.ning.com

O Ning a princípio não será gratuito. As comunidades virtuais criadas na plataforma deverão associar-se a um dos planos Premium ou simplesmente serão deletadas. Cerca de 75% do tráfego atual do site é proveniente de grandes redes do Ning que já utilizam os modelos Premium, e, portanto, estão dispostas a pagar pelos serviços a mais.

Outras opções para criação de redes sociais verticais: Grouply e o Grou.PS.

Benefícios, vantagens e importância das redes sociais de nicho (também chamadas de redes verticais)

- Conectam pessoas que geralmente não se conhecem. Nas redes de massa (como o Orkut e Facebook, chamadas de redes horizontais), o comum é adicionar o amigo da escola, da faculdade, do trabalho, da academia, da vizinhança.
- Nas redes de nicho, pessoas se conectam porque têm interesses comuns, permitindo que se desenvolva um relacionamento off-line. Já ouviram a máxima "Internet: aproxima quem está longe e afasta quem está perto"? Acho que nesse contexto poderíamos falar "Redes de nicho: aproximam quem está longe. Redes de massa: afastam quem está perto".
- Alcançam audiências interessadas e desenvolvem sinapses online inteligentes. Agregam conversações relevantes.

Cases Ning

Natura no Ning

Um das grandes redes sociais segmentada para o público feminino na área de estética do Brasil é a Natura Conecta, em que os usuários trocam informações no fórum, conversam sobre os eventos, formam grupos, compartilham vídeos etc. A empresa procura responder aos questionamentos e dúvidas e integra a rede a outras redes sociais da empresa. Para entrar é preciso informar a sua relação com a Natura, por exemplo, acionista, representante, fornecedores, consumidores, imprensa, entre outros.

Drimio

Um exemplo interessante de mídia social aliado a marcas coorporativas é a brasileira Drimio, que é uma rede inovadora, com ferramentas e aplicações que permitem que consumidores e marcas interajam com opiniões, ideias, conteúdo útil e relevante. Para os que gostam de navegar pelo celular, também é possível por meio do Drimio Mobile. Basta acessar http://m.drimio.com.

Foursquare

Com o Foursquare, pessoas podem informar sua localização e saber onde estão outras pessoas de sua rede social tendo como base os dados de GPS do celular. Os usuários podem postar dicas de locais que gostaram em determinada cidade.

Uma análise realizada pelo BuzzVolume, com base em 641 checkins do Foursquare feitos no Brasil em duas semanas, revela que 55% deles ocorreram em São Paulo.

Os 45% restantes provêm de cidades como Rio de Janeiro (2.ª maior participação), Porto Alegre, Belo Horizonte, Campo Grande, Brasília, Curitiba, Fortaleza e Niterói.

Outra revelação do levantamento é que a maior quantidade de checkins ocorre entre sexta-feira e domingo. Criado em março de 2009, o Foursquare diz reunir mais de 500 mil usuários e já ter registrado 15,5 milhões de checkins. Utiliza-se de novos dispositivos como Iphone, Android, BlackBerry, para então integrar conteúdo com posições geográficas, permitindo que a pessoa veja onde está o outro usuário no mapa.

O Foursquare permite que você e seus amigos explorem sua cidade ou cidades visitadas. Você ganha pontos e pode desbloquear (to unlock) emblemas (badges) ao descobrir novidades! Ainda não são todos os dispositivos e aplicativos móveis que são compatíveis com o Foursquare.

Cada vez que você chega em algum lugar no foursquare você ganha pontos, que criam um ranking entre você e os seus amigos e outro ranking entre todos na mesma cidade.

Se você é o usuário que mais vezes esteve em algum lugar, você se torna mayor (prefeito) daquele local, isso lhe dá direito de cuidar do lugar no site do Foursquare, você pode editar o endereço, o local no mapa ou adicionar uma categoria no lugar.

Conforme você se torna um usuário mais ativo, você coleciona badges de acordo com os seus hábitos e frequência, são como pequenos troféus.

Ainda não são todos os dispositivos e aplicativos móveis que são compatíveis com o Foursquare.

Geofidelização

Com a geolocalização volta à tona um jargão do marketing da década de 1990 – a fidelização. Achei interessante a combinação das duas palavras, desta forma surge a geofidelização. Como fidelizar clientes via aplicativos mobile de geolocalização como o Foursquare?

Cadastre seu estabelecimento. Vamos começar pelo básico. Verifique se sua empresa já tem seus endereços físicos cadastrados no aplicativo. Caso não tenha, faça-o de imediato, pois muitas vezes, mesmo que você não faça nada, as pessoas podem descobrir seu negócio por meio dos serviços de geolocalização. Basta fazer uma busca (há uma caixa de pesquisa bem no canto superior direito da tela). Em caso negativo, você pode adicionar o seu endereço. Aproveite para amplificar este efeito oferecendo brindes ou descontos para os clientes.

Valorize seus clientes fiéis. Empresas podem oferecer aos chamados "prefeitos" um desconto especial. Normalmente um usuário se torna prefeito por possuir o maior número de visitas ao local e realizar o chamado check-in no aplicativo mobile. As empresas podem utilizar estratégias criativas como dar um presente ou desconto especial aos clientes que completam seu quinto ou décimo check-in, por exemplo. As empresas também podem oferecer algo no primeiro check-in no seu estabelecimento, focando no retorno do cliente.
Verifique suas *tips*. Tips são os comentários dos usuários sobre o seu estabelecimento no momento do check-in. Verifique se os comentários estão positivos ou negativos e aproveite para convidar estes usuários para serem seus amigos.
Utilize o '*Specials*'. Esta ferramenta do Foursquare foi criada para que as empresas pudessem promover promoções dentro da plataforma. Sua utilização é ínfima no Brasil, já nos Estados Unidos o uso do "Specials" tem se tornado cada dia mais comum.
***Charity Deals*.** Os check-ins feitos por clientes no estabelecimento serão revertidos em doações para instituições de caridade.
***Friend Deals*.** É semelhante aos sites de compras coletivas. Promovida a campanha pela empresa, o cliente convida seus amigos para um estabelecimento comercial e, quando todos fazem o check-in, poderão ter acesso a uma promoção especial.
Outras plataformas. Nem só de Foursquare vive o mundo da geolocalização nas mídias sociais. Alguns outros serviços como o Gowalla, Yelp, Brightkite e Scvngr, apesar de tímidos, já conquistaram um pouco de espaço nessa hype. No Brasil, o site Apontador tem tido um excelente resultado com foco em geolocalização.

Posso citar como exemplo do sucesso do Foursquare, o *Wall Street Journal*, que, por meio da ferramenta, oferece conteúdo a seus leitores mobile de acordo com sua localização dentro da área metropolitana de Nova York. O serviço permite que os leitores digitais do jornal tenham acesso a restaurantes, museus e outros serviços recomendados pelo jornal.

O Facebook e o Twitter começaram a se atentar para a hype da geolocalização. O microblog começou uma parceria com o site

Apontador.com em que os tuítes podem ser originados de lugares previamentes cadastrados no site. Apesar de o Facebook Places ainda não estar disponível no Brasil, a ferramenta já começou a ser anunciada dentro de aplicativos móveis.

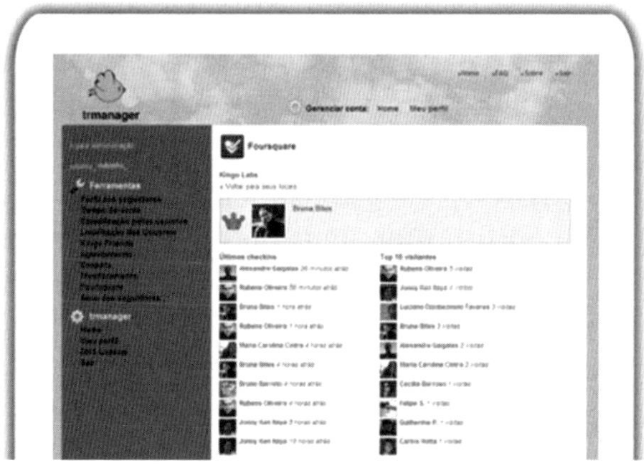

O Foursquare é integrado ao trmanager, sendo possível cadastrar estabelecimentos utilizando a URL que é gerada e acompanhar os check-ins. Para a realização de sorteios para promoções, o Sorteie.me, sistema de promoções da Kingo Labs, é integrado ao trmanager sendo possível sortear os usuários que deram check-in nas últimas três horas nos estabelecimentos previamente cadastrados.

Para monitorar uma campanha no Foursquare utilize o *Foursquare Stats* na própria rede social.

É interessante destacar que dos aplicativos mobile com base em geolocalização, um dos mais conhecidos mundialmente é o Layar.

Busque no YouTube o vídeo *Layar Augmented Reality 2010: Discover, Play & Premier of the Floaticons.*

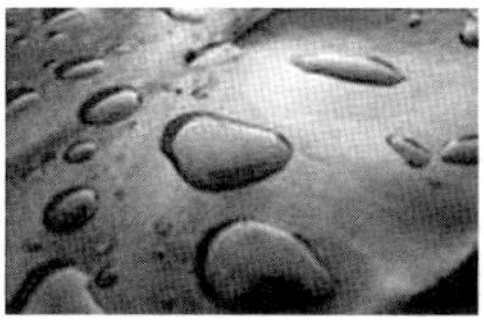

DROPS DE MARKETING "Dar sentido a um texto é o mesmo que ligá-lo, conectá-lo a outros textos, e, portanto, é o mesmo que construir um hipertexto. Quanto mais conexões o item a ser lembrado possuir com os outros nós da rede, maior será o número de caminhos associativos possíveis para a propagação da ativação no momento em que a lembrança for procurada."

Pierre Lévy

6

Social Games

A desenvolvedora de jogos para redes sociais Zynga está dominando o Facebook com o FarmVille (*www.farmville.com*), um simulador de fazenda lançado em junho de 2008 e que já tem mais de 50 milhões de usuários ativos, com mais de 40 milhões de fazendinhas criadas até agora. O segundo jogo mais popular é o Mafia Wars, também da Zynga *(bit.ly/w114-fio)*. Tem mais de 30 milhões de usuários e ganhou um Webby Awards.

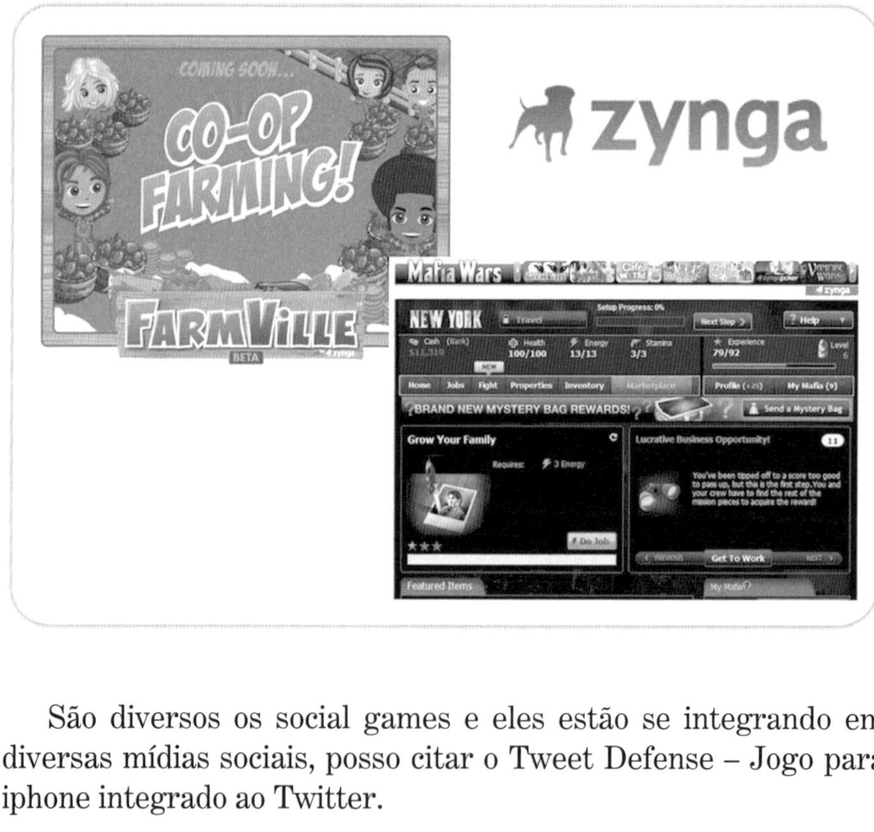

São diversos os social games e eles estão se integrando em diversas mídias sociais, posso citar o Tweet Defense – Jogo para iphone integrado ao Twitter.

São inúmeras as possibilidades com os social games. Eles podem ser criados a fim de educar uma população para uma causa social, por exemplo. Outra possibilidade para esse segmento é a de criar "games de oportunidade". Um exemplo disso é Bola Social Soccer, que já tem 385.665 usuários no Orkut e outros milhares no Facebook, pois estamos em ano de copa, época que a população respira futebol, principalmente quando se trata de Brasil. O Bola Social Soccer ainda aposta em um modelo de publicidade interessante, no qual o anunciante fecha patrocínio publicitário por um período de sete dias e este serve como verba para o seu time no game. É tudo muito real e faz com que o usuário interaja com a marca em um momento de distração, proporcionando uma experiência marcante entre o usuário e a marca, característica de ações de branding.

Social Game na luta contra a Dengue

Com o objetivo de conscientização da população para os riscos da Dengue, o governo do estado de Minas Gerais desenvolveu o Dengue Ville, um social game para o Orkut. No joguinho os usuários têm como objetivo eliminar os focos do mosquito retirando água dos pneus e garrafas, entre outras tarefas. O jogo tem como regras fazer com que você proteja sua vila do mosquito transmissor da doença, por meio de "jogadas de prevenção".

Mais uma vez a revolução das mídias sociais ajudando o ser humano a conquistar a verdadeira vitória, ou seja, vencer a si mesmo e ajudar o próximo.

Sua empresa já pensou em ter um aplicativo para mídias sociais, para um smartphone, como o iPhone ou para o iPad?

No Brasil, temos o exemplo da Vostu, a primeira empresa brasileira a desenvolver social games no país e que possui um aplicativo que faz muito sucesso no Orkut; a Mini Fazenda (segunda maior fazenda virtual do mundo dos games). A Vostu detém, além da Mini Fazenda, outros social games no Orkut como Café Mania, Joga Craque, Vostu Poker e PetMania. Já são 32 milhões de usuários registrados e 20 milhões ativos em todos os jogos.

Considere rapidamente esta possibilidade, pois o futuro do marketing está em proporcionar experiências positivas entre as empresas e os consumidores.

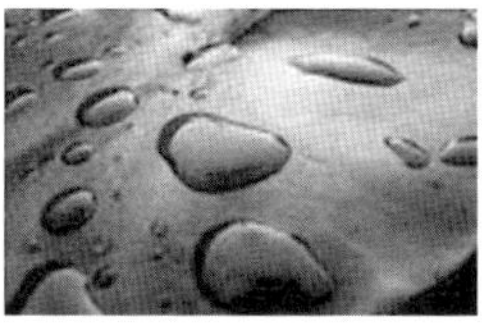

DROPS DE MARKETING "As companhias prestam muita atenção ao custo de fazer alguma coisa. Deviam preocupar-se mais com os custos de não fazer nada."

Philip Kotler

7

Media Sharing – Compartilhamento de Apresentações

SlideShare

Fundado em 2006, o SlideShare descreve-se como uma comunidade de compartilhamento de apresentações (pública ou privada) em PowerPoint, PDF ou Open Office (usuários de Mac devem usar o PDF para postar suas apresentações Keyonote).

Qualquer um pode encontrar apresentações sobre seu tema de interesse, as quais podem ser marcadas, transferidas ou incorporadas em sites ou blogs. Os usuários podem participar de grupos para compartilhar interesses em comum com outros usuários. O espaço máximo permitido por conta é de 100 MB. O SlideShare está disponível em 11 línguas. As apresentações são transformadas em YouTube-widgets estilo Flash que podem ser incorporados em outros sites e blogs, ação que você deverá incentivar os seus visitantes a fazer.

Suas apresentações: Assim como no YouTube, assistir a uma apresentação consome atenção e é uma tarefa demorada. Para não desperdiçar o tempo dos seus espectadores, mantenha os slideshows tão breves quanto possível, incluindo ainda informações valiosas – o que significa não encher os slides. Preste atenção especial nisso quando construir seu slide-título, porque o primeiro slide de apresentação aparece em outros lugares em miniatura. O seu primeiro slide deve ser de fácil leitura e atraente para convencer o navegador a parar e dar uma olhada.

Por que as empresas compartilham poucos conteúdos sobre seus serviços e produtos no SlideShare? As mídias sociais devem estar integradas e a melhor maneira de seu consumidor conhecer seu produto ou serviço é uma bela apresentação que explique detalhadamente seu conteúdo.

Página de apresentação de slides de uma de minhas palestras no SlideShare, com quase quatro mil visualizações em apenas três semanas de postagem.

#dicas #SlideShare

Crie um perfil

My Slidespace. Clique em registro (*sign up*). Antes de criar o seu perfil, pense em seus fins comerciais em comparação a esse site. Note que o SlideShare comunidade é composta de pessoas com elevada formação, pequenos e grandes líderes empresariais, investidores, consultores, professores, palestrantes, profissionais de marketing e tecnologia, gurus da web, entre outros.

Procurar

Lá você encontrará as apresentações ordenadas por temas, bem como as favoritas, mais vistas, mais populares e mais baixadas. O SlideShare proporciona oportunidades de negócio, permitindo-lhe interagir com investidores, distribuidores, clientes e futuros parceiros. Segundo o SlideShare, mais de 50% dos visitantes têm um mestrado ou doutorado. Mais de 50% são gerentes, gestores ou profissionais com uma influência importante sobre a compra.

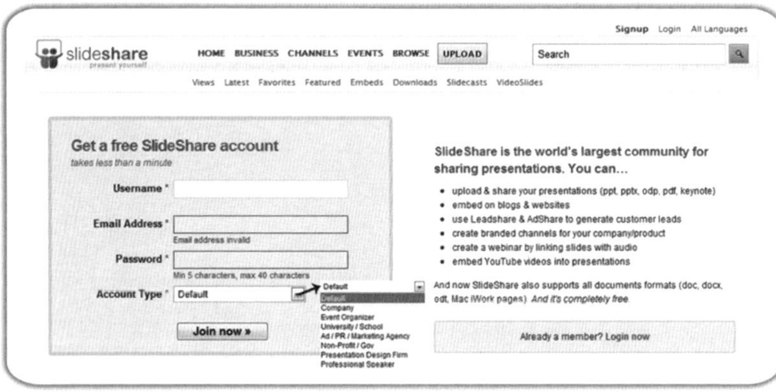

Negócios e gestão (business)

É uma categoria dedicada exclusivamente à produção e ao fornecimento de ideias sobre atividade empresarial, inovação, marketing, publicidade, arquitetura e estratégias de comunicação.

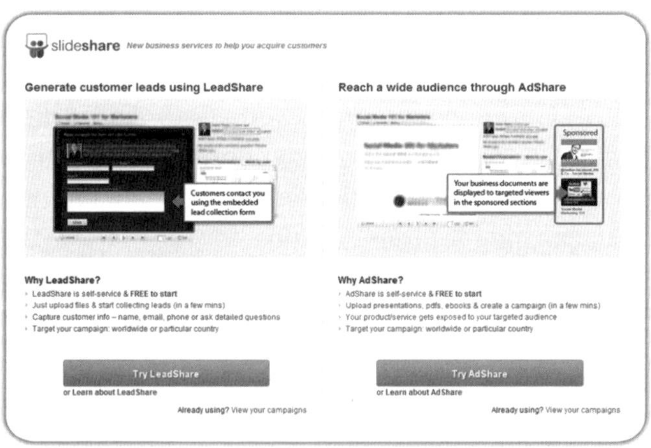

Adicionar vídeos (upload)

Os vídeos acrescentam valor para qualquer apresentação. O SlideShare recentemente adicionou funcionalidades que permitem que você inclua um vídeo do YouTube na sua apresentação.

Crie um evento (events)

Digite o seu convite eventos Crie ou grupo aqui. Você também pode participar de conferências globais, que são organizadas por categorias. Por exemplo, em 16 de março de 2009 foi realizado o "*Wireless Communications International Expo*", em Las Vegas, e na Espanha no quarto dia de Design da Universidade Complutense.

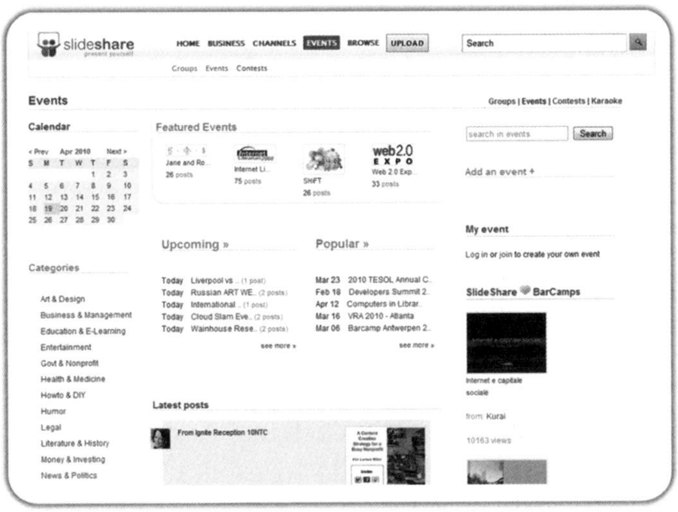

Widgets

Pode satisfazer as suas observações sobre o seu blog favorito. É muito útil, por exemplo, como consultores da widgets poderiam demonstrar experiência, tal como os oradores ou organizadores de eventos. É uma ferramenta que atende às suas apresentações, e categorias selecionadas em um único formato. Isso permitirá que você desfrute de uma navegação mais produtiva e eficiente.

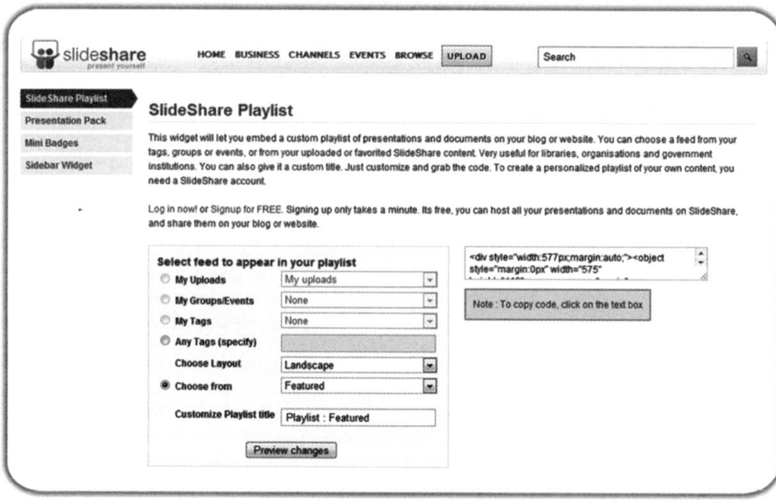

Suporta vários formatos

PowerPoint, Apple, PDF, Microsoft Office, entre outros. Uma vez identificada, a classe, faça o download de sua apresentação e deixe que os outros aprendam com sua experiência e conhecimento. Segundo a Alexa, uma empresa dedicada à promoção da informação sobre o número de visitas a uma página da web, o SlideShare recebe mais de 7 milhões de acessos por mês, e está classificado entre os 1.500 melhores websites.

O uso do SlideShare pode facilitar o trabalho de muitos profissionais, como professores e palestrantes, que muitas vezes dão suas aulas ou palestras por meio de apresentações em PowerPoint, e o limitado tempo de palestra ou aula e não permite que os alunos anotem ou estudem tudo o que lhes interessa. Com o SlideShare, a aula ou palestra fica disponível na internet.

Ferramentas SlideShare

O 280Slides é uma ferramenta on-line (web 2.0) que possibilita a criação de slides no estilo PowerPoint por meio do navegador. Com ele, além de desenvolver apresentações, o usuário pode acessá-las a partir de qualquer computador conectado à internet.

O serviço é gratuito e, além de fácil de usar, conta com recursos realmente interessantes, como o que permite compartilhar o resultado final por meio de e-mail, publicação em páginas da internet ou até pelo serviço SlideShare. Ou seja, depois de criar os slides, o usuário pode compartilhá-los com apenas alguns cliques e sem dificuldades.

Além disso, depois de registrar-se no site, o usuário pode salvar seus trabalhos tranquilamente. O 280Slides guarda tudo em um servidor próprio e, ao fazer o login, o usuário tem acesso a tudo que salvou. À primeira vista, o 280Slides mostra-se bastante intuitivo quanto à utilização. Logo de cara, na tela inicial, exibe uma janela de boas-vindas que permite escolher entre abrir uma apresentação já criada, desenvolver novos slides ou conhecer mais sobre o serviço. Os resultados obtidos com o 280Slides podem ser considerados bastante interessantes. O serviço oferece diversos temas à escolha do usuário e, além disso, permite inserir vídeos, fotos, formas geométricas e até efeitos de transparência nas apresentações.

Um dos recursos mais interessantes do 280Slides é o que permite inserir vídeos e imagens nas apresentações. Vale a pena destacar que, além dos arquivos multimídia do próprio computador, o usuário pode pesquisar vídeos, por exemplo, em sites como o YouTube, e inseri-los diretamente no trabalho, por meio da própria ferramenta. É fácil converter as apresentações desenvolvidas no 280Slides em formato PowerPoint: basta clicar em "download" (canto superior direito da tela), depois é só escolher o nome do arquivo e o diretório onde deverá ser salvo.

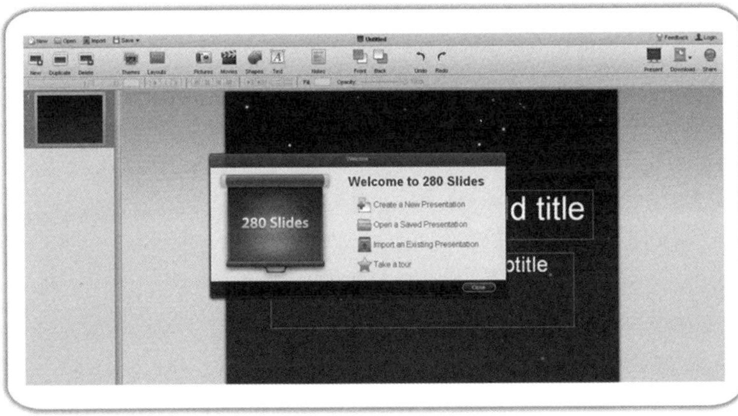

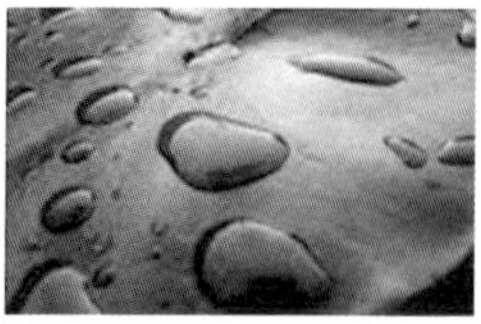

DROPS DE MARKETING "As únicas grandes companhias que conseguirão ter êxito são aquelas que considerarem os seus produtos obsoletos antes que os outros o façam."

Bill Gates

8

Social Bookmarking

Marcadores sociais são pequenos ícones encontrados em quase todos os blogs, sites da web, por exemplo, sites de notícias, sites de esportes, ou quaisquer páginas que forneçam novos conteúdos atualizados em uma base regular. Pela seleção do seu leitor de feed ou ícone agregador, o conteúdo do feed é automaticamente adicionado à sua página de leitura específica. A grande maioria dos marcadores sociais são adicionados em um único clique. Alguns leitores de feeds devem pedir que você copie e cole a URL das suas notícias favoritas ou páginas de blogs na caixa de texto, anexando uma assinatura.

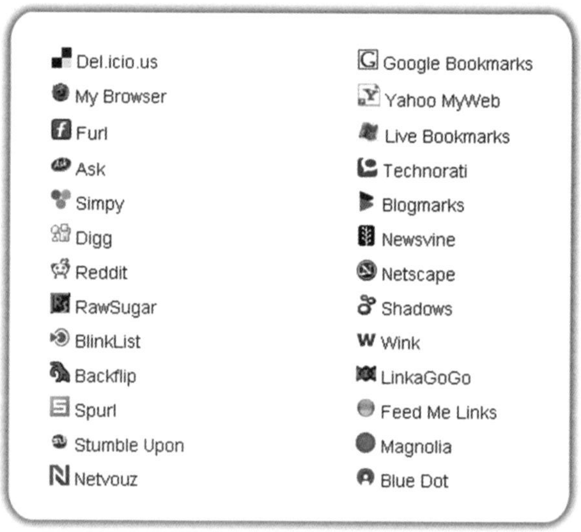

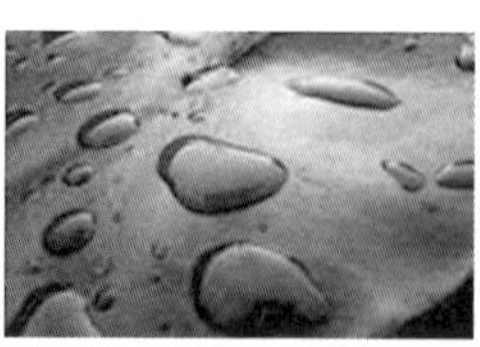

DROPS DE MARKETING "Onde quer que você veja um negócio de sucesso, pode acreditar que ali houve um dia uma decisão corajosa."

Peter Drucker

9

Agregadores

As ferramentas dessa categoria ajudam você reunir, atualizar e armazenar informações para fácil acesso. Agregadores alavancam a inteligência coletiva e lhe dizem o que outras pessoas estão dizendo sobre um determinado produto, serviço ou banda. Essas ferramentas podem ser excelentes para captura de inteligência de mercado.

Outro modelo de sites colaborativos se refere aos agregadores de links para sites, que são espaços onde cada membro exibe seus favoritos para que outras pessoas possam utilizar e votar nos melhores. Dessa forma, cria-se um diretório onde os sites são recomendados e classificados pelos próprios participantes. Assim, se você quiser um site sobre um determinado tema, pode ir a um agregador e ver os que são mais recomendados.

Para os usuários, a principal vantagem está em permitir coletar e armazenar links interessantes encontrados e que podem querer rever. A ação central de interesse do marketing em site de notícias social é o voto. Os agregadores são mais uma maneira pela qual as mídias sociais podem ajudar o SEO (Otimização de site para mecanismos de busca, em português). Os links para sites são salvos, sendo encontrados facilmente pelos buscadores. Isso melhora a posição de uma página nas buscas.

Ferramentas

Digg

É o agregador mais popular da web. As notícias mais aclamadas pela comunidade chegam a alcançar mais de 1000 votos (diggs).

Delicious

delicious

Centra-se em armazenar seus links favoritos e os usuários que são mais propensos a guardar páginas vão querer voltar mais tarde, como longos artigos e recursos úteis. Permite agregar usuários em grupos, além de consultar as escolhas alheias. Uma caixa postal facilita a comunicação entre os usuários. Para ver links de outros usuários sem interagir com eles, você pode assinar uma tag (palavra-chave).

É possível ver as nuvens de tags públicas de todos, mas os usuários que preferirem podem manter seus links privados. O Delicious tem extensões para os principais navegadores, colocando na barra alguns botões para consulta e inclusão de links.

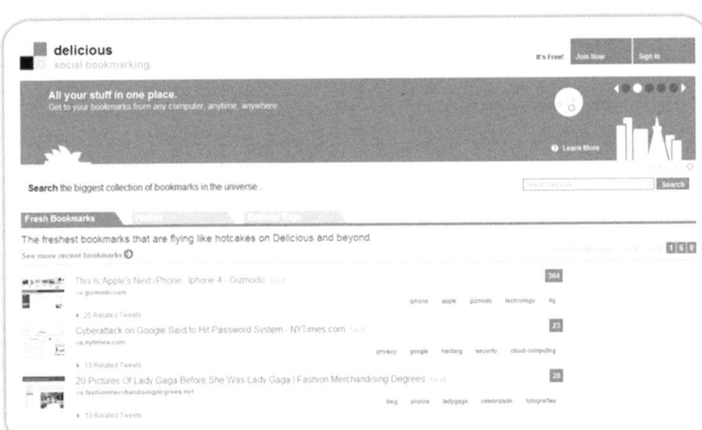

Google Reader

É uma aplicação web oferecida pelo Google que tem uma função de leitor de feeds (RSS).

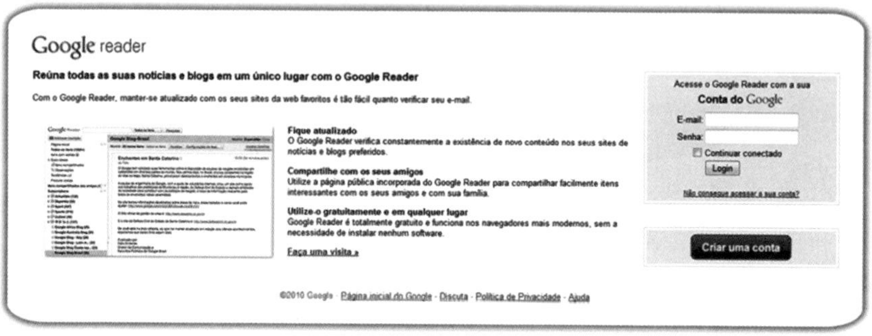

Ping.fm

É um serviço amplamente usado que permite enviar posts via telefones celulares, IMs, e-mail e apps externos como iGoogle, Facebook e Twhirl. O serviço suporta mais de 40 redes sociais.

Dicas de sites para armazenar documentos grandes em vários formatos:

- http://www.4shared.com
- http://www.mediafire.com

Entre exemplos de startups de agregadores criados por brasileiros, posso destacar o Rec6, Dihitt, Ocioso e o Link.

Para integrar várias mídias sociais em apenas um serviço, aconselho o Friendfeed.com. O site integra mais de 50 serviços on-line, entre eles, Facebook, Flickr, LinkedIn, Digg e outros.

Lembre-se de que os agregadores estimulam a inteligência coletiva, as tags, a sua opinião do que é bom ou ruim na internet, influenciará diretamente no futuro da web semântica; dos significados.

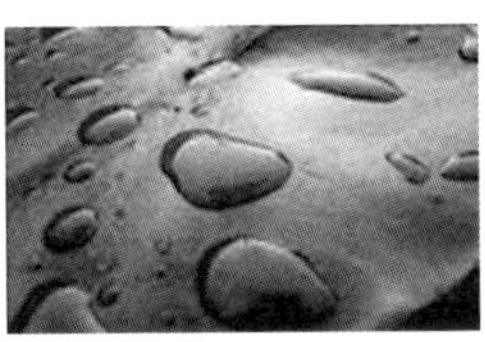

DROPS DE MARKETING "Qualidade significa fazer certo quando ninguém está olhando."

Henry Ford

10

Life Casting – Streaming

Justin.tv

A primeira pessoa a popularizar significativamente o conceito de Life Casting foi o californiano Justin Kan. No início de 2007, quando vivia em São Francisco, Justin descobriu uma coisa que chamou de "Justin.tv". Enquanto usava uma webcam acoplada ao seu boné de baseball, Justin começou a transmitir sua vida ininterrupdamente, ao vivo, começando à meia-noite de 19 de março de 2007. Na verdade, Justin foi a pessoa creditada por dar a esse processo o nome de Lifecasting. Ele chamou bastante a atenção da mídia quando anunciou que usaria sua webcam 24 horas por dia, 7 dias por semana, e transmitiria sua vida sem interrupções. Em abril de 2007, na entrevista de Justin ao programa NBC Today, a repórter Ann Curry o colocou no topo da atenção nacional.

O crédito para o programa de computador de Kan vai para Kyle Vogt, um dos quatro fundadores do Justin.tv. Vogt criou o programa de computador que transmite o vídeo portátil ao vivo que Justin usou para transmitir e gravar.

Ustream.tv

Ustream.tv é uma plataforma pública que garante a qualquer um o lifecast por meio de uma transmissão de vídeo ao vivo, de graça. Foi fundada em março de 2007 e atualmente tem mais de 320.000 usuários registrados, os quais geram mais de 350.000 horas de conteúdo de vídeos ao vivo por mês.

Focada em transmissões para usuários do Twitter, a ferramenta Twitcam vem fazendo sucesso entre os usuários do microblogging.

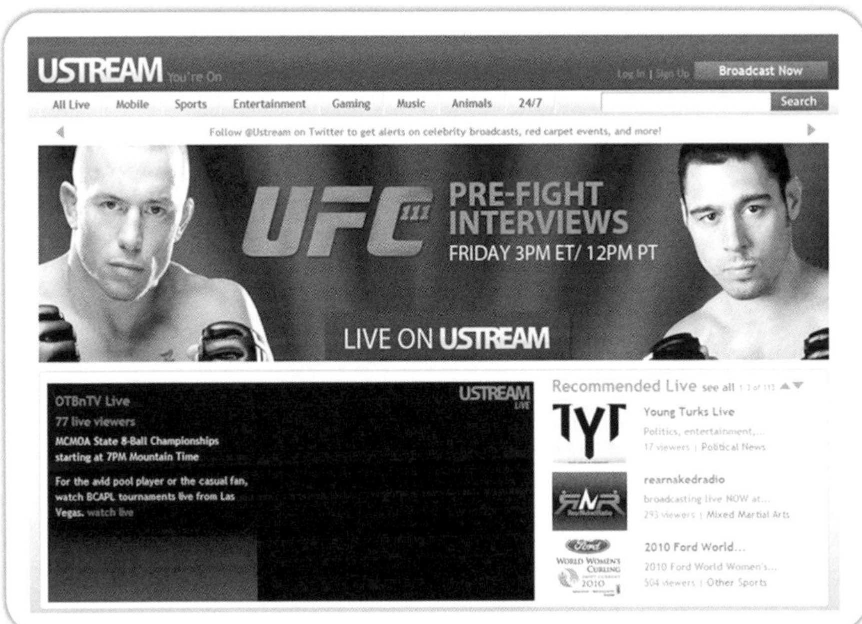

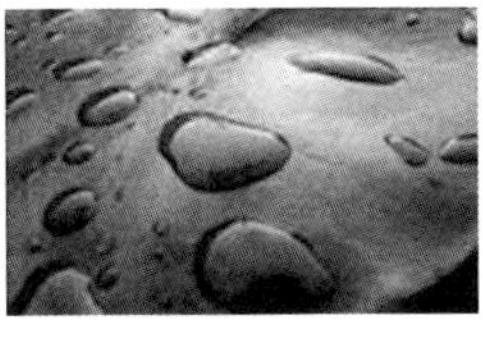

DROPS DE MARKETING "Inovação é arriscada, mas não inovação pode ser fatal."

Philip Kotler

11

Social Media Optimization – SMO

Mídia social e SEO devem andar juntos. O segredo é maximizar a visibilidade dos links e garantir que seu conteúdo seja relevante.

O Social Media Optimization – SMO é um conceito que visa programar mudanças para otimizar um site de modo que ele seja mais facilmente linkado, mais visível em pesquisas de mídia social em motores de busca personalizados.

Embora seja fácil obter as ferramentas que compõem o kit de otimização de mídia social, uma abordagem mais coerentc c eficaz é começar com o público da sua empresa-alvo e determinar que tipo de relacionamento sua empresa pretende construir com eles, principalmente com base nas informações que eles estão recebendo de sua indústria (determina quais ferramentas de uso), como se envolver com essa informação e com os outros e, finalmente, para o que eles estão prontos.

O Social Media Optimization é um conjunto de métodos para gerar publicidade por meio da mídia social, comunidades online e sites de comunidade. Além disso, é também sobre a fusão das mídias tradicionais, marketing e search engine marketing de mídia social.

O Social Media Optimization é similar ao motor de busca marketing, mas é diferente, o foco está no aumento do tráfego proveniente de outras fontes de motores de busca. SMO é uma parte integrante de uma gestão da reputação online, uma estratégia para organizações que se preocupam com a sua presença online. Fazer com que o usuário navegue pelas diversas mídias sociais da marca proporciona uma experiência marcante ao usuário, além de promover backlinks relevantes para o site da empresa (estratégia de SEO).

Palavras-chave podem ser divididas em dois grupos principais, palavras-chave de cauda curta e palavras-chave de cauda longa. O termo "cauda longa" foi cunhado por Chris Anderson e é usado para descrever a estratégia de segmentação por nichos de mercado. Por exemplo, uma palavra-chave de cauda longa seria "web design para pequenas empresas" e a palavra-chave de cauda curta seria "web design".

O que funciona melhor para o marketing de mídias sociais? Cauda curta ou cauda longa?

Na verdade, há valor em ambas. Parece que as palavras-chave de cauda curta são úteis para criar interesse e direcionar o tráfego. Palavras-chave da cauda longa, por outro lado, são mais efetivas quando se fala de conversão.

Tenha o tipo de conteúdo atraente que faça com que sejam criados links para você e, melhor ainda, que atraia atenção no mundo das mídias sociais. Isso não apenas gerará popularidade de links, como também ajudará você de muitas outras formas também.

Como descobrir onde seu site possui links? Digite o link: *www.seusite.com.*

Meadiciona.com e SMO

Com o enorme crescimento de mídias sociais diferentes e cada vez mais segmentadas, surge a ferramenta Meadiciona.com que junta tudo em uma única página, de maneira a centralizar os contatos do usuário e compartilhar entre os amigos ou de forma profissional.

É um agregador de links de perfis, agenda de contatos on-line e cartão de visita. Super útil e prático.

#dicas #SMO

Uma das técnicas fundamentais de SMO presentes no Twitter é a Meta Description. Como todo site bem posicionado em mecanismos de busca possui esse recurso, isso significa que a Meta Description é um importante fator de posicionamento (ranking) nos mecanismos de busca e deve sempre ser usada mencionando as palavras-chave (keywords) da página no seu conteúdo. No Twitter isso não é diferente.

A Meta Description do seu perfil poderá ser atualizada pelo campo *Online bio* do microblog. Clicando em *Settings*, role a página até o campo *Online bio* e preencha-o com informações relevantes.

É importante observar que o campo deve ser preenchido com até 160 caracteres, que é o mesmo tamanho das microdescrições ou snipets que o Google mostra em suas páginas de resultado. Ou seja, utilizando o *Online bio*, o perfil do Twitter que você usa, ganha mais competitividade para os termos que você precisa – seja seu nome, sua marca ou sua empresa – simplesmente mencionando-os em sua Meta Description.

Dê aos usuários dicas e truques referentes à sua área de atuação. Os *links baitings* mais bem-sucedidos são aqueles baseados em conteúdo de qualidade. Dicas úteis podem fazer com que usuários criem links ao seu site muitas vezes, transformando-o em uma autoridade no assunto.

As visitas originadas de uma mídia social mostram que sua campanha está dando resultados, pois estão indicando e escrevendo sobre seu site. Utilize o Google Analytics para acompanhar de onde estão vindo as visitas no seu site.

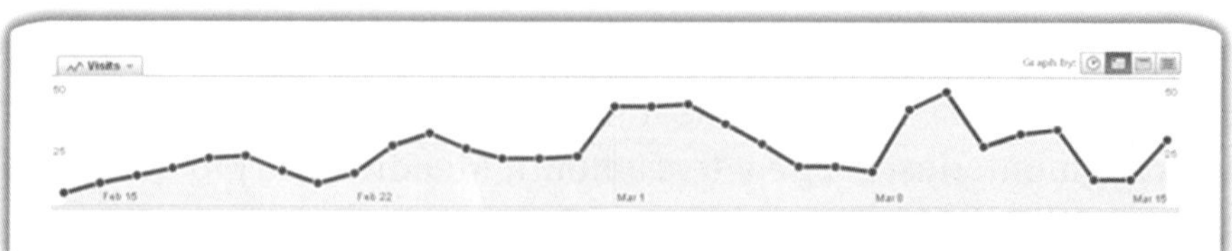

Dicas e ferramentas para SMO e monitoramento de mídias sociais

Você se lembra do modelo PDCA, que citei no início do livro? Sem o C de Check, não há como agir novamente, portanto, sem métricas, relatórios e monitoramento sua campanha em mídia social está navegando em um oceano sem rumo.

Além de monitoramento, as estratégias de social media marketing e social media optimization visam proporcionar ao usuário uma navegação pelas mídias sociais em contato com sua marca, uma mídia direcionando para a outra, que consequentemente direciona para o seu site, gerando backlinks importantes e provenientes de sites com alta relevância. Seguem algumas dicas de SMM e SMO:

- *Aumente sua linkabilidade.* Esta é a primeira e mais importante prioridade para websites otimizados para os mecanismos de busca, como o Google. Para otimizar um site em mídias sociais, precisamos aumentar a linkabilidade do conteúdo.
- *Utilize bookmarking de mídias sociais em seu site.* Adicionar recursos de conteúdo, como botões de atalho para "compartilhar", é uma forma de tornar o processo de bookmarking e tagging.
- *Incentivar o teor de cocriação (crowdsourcing).* Vale a pena ser mais aberto e permitir comentários em seu site (com moderação de preferência). Veja a ideia do YouTube de fornecer o código para recortar e colar para que você possa encaixar os vídeos outros sites (embed).
- *Engajamento. Participe e junte-se à conversa.* Social media é uma avenida de dois sentidos. A melhor maneira de otimizar seu conteúdo deve ser a partir do envolvimento em conversações com a comunidade que serve para gerar conteúdo relevante. Ao participar, você está criando consciência valiosa e prolonga o seu buzz. O marketing nas mídias sociais deve monitorar conversas relevantes na internet. Esse monitoramento oferece grandes oportunidades. Embora exista um bom número de organizações de grande porte contratando

empresas e profissionais de marketing digital para entender a relação sobre os seus negócios, produtos ou serviços, ainda existem inúmeras outras companhias – de pequenos negócios até empresas de grande porte – que ainda têm de aprender sobre como monitorar sua marca nas mídias sociais. As pessoas estão falando das marcas por meio de blogs, redes sociais, microblogs, e saber o que eles estão dizendo é crucial. As discussões influenciam atitudes e comportamentos e mostram com destaque nos resultados de pesquisa tudo o que afeta o seu negócio. É uma mudança enorme, porque as empresas já não possuem a sua própria marca. Para um número crescente de empresas, a contratação de um profissional de mídia social de forma integral ou uma agência digital é a maneira que garante a interação da empresa com as fontes on-line.

A Dell tem mais de 40 funcionários exclusivos, em tempo integral, especializados em marketing e em mídia social, focados em trabalhar a marca na internet.

Monitoramento e Métricas

Interpretação de métricas

O Sistema de Informações de Marketing (SIM) é constituído de pessoas, ferramentas e processos que reúnem, selecionam, avaliam e distribuem informações necessárias para a tomada de decisões. A análise e a interpretação dos dados é que farão o SIM da empresa ser realmente relevante. O "P" de pesquisa é utilizado para identificar e definir oportunidades, ameaças, pontos fracos e fortes e avaliar as atividades da empresa pesquisada.

O processo de pesquisa em marketing e em comunicação consiste basicamente em quatro etapas: definição do problema e dos objetivos da pesquisa, desenvolvimento do plano de pesquisa, implementação do plano de pesquisa e a etapa que considero mais importante que é a interpretação das métricas. Quando determinamos uma palavra ou combinação de palavras-chave que se pretende monitorar, mais do que medir, deve-se perguntar onde e como medir (metodologia). Deve haver uma clareza muito grande dos objetivos da pesquisa por parte do cliente, da agência ou instituto de pesquisa e profissionais capacitados para interpretar os dados.

Quando se associa marketing com métricas tem-se em vista a análise de mercados, campanhas publicitárias ou análise de marcas. Em um processo de análise pode-se monitorar uma marca isoladamente, monitorar concorrentes desta marca, um segmento de mercado, preços, produtos, pontos de venda, palavras-chave ligadas à marca ou os diferentes sentimentos em relação a uma marca em macro ou microrregiões. Os sentimentos em relação a uma marca normalmente são classificados como: positivos, negativos ou neutros.

Já a associação de marketing digital com métricas é uma análise ainda mais profunda. Pode analisar taxa de rejeição de um site, tempo de navegação, conversões em vendas, geração de tráfego, número de impressões de um anúncio, CTR's, número de visitantes únicos em um site, monitoramento de menções e comentários em mídias sociais, entre outras possibilidades. O universo da web é o melhor formato de mídia para aqueles que desejam ter uma real percepção de resultados sobre investimentos, reputação, repercussão e engajamentos.

As vantagens do uso de metodologias de pesquisa na web seriam: a ausência de barreiras geográficas, a redução de custos, os resultados mais rápidos e o fato de os pseudo-entrevistados ficarem mais abertos e serem mais sinceros.

Ao final de uma pesquisa, temos dados e estatísticas. Os melhores profissionais são aqueles que compreendem o que está entregando ao cliente e o impacto que os dados estatísticos geram para os negócios da empresa. Os dados estatísticos e indicadores em marketing digital não têm o mesmo valor e merecem uma análise mais apurada. Para exemplificar como é importante uma análise detalhada, vou relacionar vários indicadores, certamente cada um deles possui valores agregados ligados a heart-share e engajamento diferentes. O ROE (retorno sobre o engajamento) é um critério que necessita ser mais bem avaliado quando se entrega um relatório métrico de ações de marketing digital a um cliente.

Além de pesos diferentes, já que cada indicador tem sua importância, considero importante observar que cada indicador possui diferentes audiências. Este é outro detalhe ainda mais complexo – saber e classificar quem foi o usuário monitorado, pois certamente um usuário com alto poder de formar opinião, gerador de conteúdo e com várias conexões tem mais força de influência que um usuário comum. O capital social (reputação) que cada usuário possui em uma rede social é diferente, assim a confiança que cada usuário transmite ao formar conteúdo em um comentário ou retransmitir uma mensagem tem pesos diferentes.

Voltando à questão do peso de cada indicador, fiz uma pequena lista de critérios que devem ser analisados de forma única em uma interpretação de métricas em marketing digital:

- Assinatura do usuário em um RSS de um blog.
- Adesão do usuário a um aplicativo patrocinado para Smartphone.
- Adesão do usuário a um aplicativo patrocinado para o Facebook ou Orkut.
- Opt-in do usuário para receber e-mail marketing.
- Participação do usuário em uma enquete, votação ou pesquisa no site.
- Impressão de anúncio e visualização do usuário no formato de banner.
- Click do usuário em um anúncio no formato de banner em portais de conteúdo.
- Visualização do usuário de Pop-up em sites.
- Click do usuário em um link na busca natural ou orgânica do Google.
- Click do usuário em um anúncio de link patrocinado no Google.
- Click do usuário em um anúncio de link patrocinado na rede de conteúdo do Google.

- Visualização do usuário de um vídeo positivo no YouTube.
- Comentário do usuário em um vídeo no YouTube.
- Hashtag ou menção positiva de marca no Trending Topics do Twitter.
- Replys no Twitter.
- Direct Message no Twitter.
- Retweet no Twitter.
- Impressão de anúncio em comunicador instantâneo – MSN Messenger.
- Visualização de apresentação no SlideShare.
- Comentário do usuário em uma foto no Flickr, Twitpic, Facebook, etc.
- Check-in do usuário em um aplicativo/ mídia social de geolocalização (FourSquare).
- Perguntas dos usuários no Formspring.
- Número de inscrições (curtir) em uma página do Facebook.
- Comentário do usuário no site/blog/e-commerce.
- Taxa de crescimento dos fãs, seguidores e amigos.
- Favoritos.
- A demografia da audiência alcançada por meio da mídia social.
- Análise de navegabilidade e usabilidade do site.
- Qualidade do SEO do site.
- Aumento do tráfego do site.
- Backlinks criado para o site de outros sites.

Esses são alguns dos vários indicadores de marketing digital, os quais podem ser interpretados de várias maneiras. Dependendo de como defini-los, algumas dessas métricas podem parecer redundantes, enquanto outras podem parecer tão amplas que podem ser dividas em várias outras. Muitos indicadores podem ser combinados entre si para criar novas métricas que podem ser controladas ao longo do tempo. É o começo de uma análise complexa e muito mais ampla do que apenas entregar números e estatísticas.

Atentar para o *consumer generated media* – a mídia gerada pelo consumidor – e para como as empresas devem usar estratégias de marketing de relacionamento com esse consumidor são análises que devem estar presentes em um relatório de métricas de comunicação e marketing digital.

A eficácia do marketing digital não pode ser avaliada por meio de simples medidas financeiras, tais como retorno sobre o investimento. Cabe aos desenvolvedores de ferramentas de monitoramento, CRM e empresas que trabalham com inteligência de marketing chegarem a um patamar cada dia mais elevado e inovador na análise e interpretação de dados e indicadores.

No caso de se medir o desempenho de uma campanha publicitária no espaço digital, como com a mídia off-line, uma parte vital do processo envolve a definição desde o início dos resultados que uma campanha deve atingir. Quando se trata de medir o desempenho da publicidade para esses resultados, os meios digitais oferecem um grau de discernimento e de acompanhamento que nenhum outro canal pode igualar.

No caso de uma análise de ROI, é importante lembrar que, quando o marketing é focado em canais digitais, não é necessariamente mais barato. O tempo e o investimento necessários, por exemplo, para investir em uma campanha de mídia social podem, por vezes não corresponder aos custos dos meios tradicionais. A principal diferença é que as campanhas serão mais direcionadas e, portanto, mais eficazes, de modo que os gastos têm maior chance de ser convertidos em vendas.

A importância do monitoramento fica evidente no modelo PDCA (Plan, Do, Check, Act ou Planejar, Executar, Verificar e Agir). O modelo PDCA baseia-se na ideia de que em qualquer projeto deve-se planejar, executar, verificar e agir, corrigindo os rumos da ação. Uma das mais conhecidas ferramentas é o **Social Mention.com.**, que se descreve como "real-time social media search and analysis". A página inicial do Social Mention já coloca em destaque o campo de busca, em que o visitante pode escolher entre 11 tipos de busca: blogs, microblogs, networks, bookmarks, comments, events, images, news, videos, audio, questions ou todas elas.

Um ponto positivo é a possibilidade de configurar alertas. Assim como o Google Alerts, todas as novas menções ao termo buscado serão enviadas por e-mail, categorizadas por fonte. Também é possível produzir um RSS/feed com a busca ou ainda baixar os dados em CSV/Excel. A função de palavras mais frequentes (top keywords/trends) também está presente.

O site ainda oferece um widget que pode ser instalado em blogs para mostrar todas as citações à marca. De um modo geral, o Social Mention pode ser bastante útil, sim. Como qualquer ferramenta gratuita de monitoramento, possui suas limitações e pode ser utilizada com inteligência e um bom método.

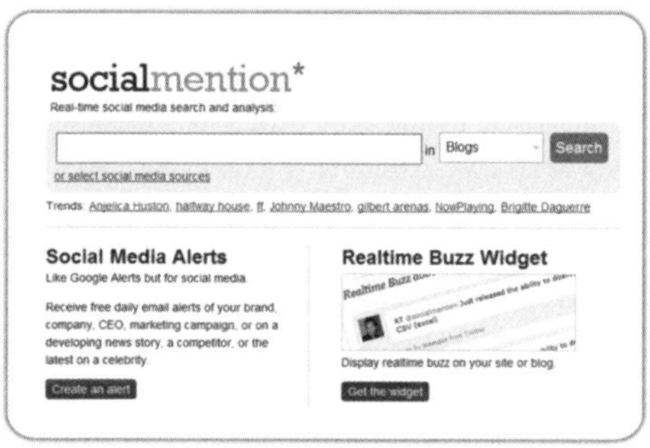

O Social Mention categoriza automaticamente as citações em positive, neutral ou negative. A FAQ não explica como o software faz essa categorização. Provavelmente, deve ser a partir do número de palavras positivas ou negativas citadas. Além de ser impreciso, é inútil para citações que não estejam em inglês.

Outras métricas que o Social Mention apresenta são strength (força), Passion (paixão), sentiment (sentimento) e reach (alcance). A primeira, strength, mostra a porcentagem de citações efetivas em relação a citações possíveis. Passion é a porcentagem de usuários que citam a marca repetidamente. Sentiment mostra a relação entre citações positivas/negativas.

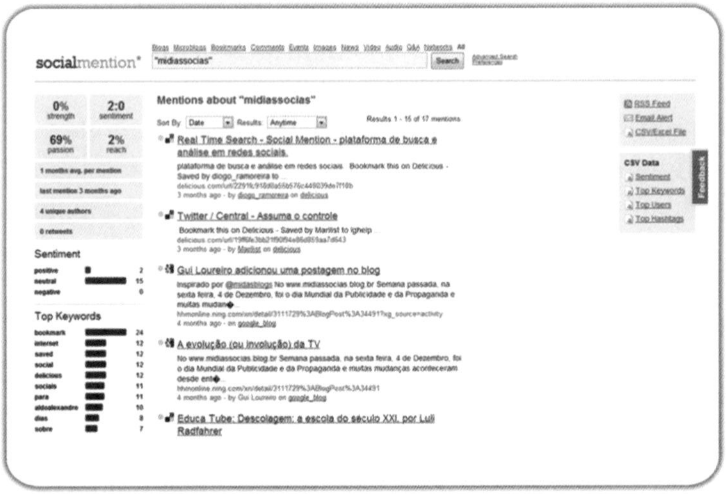

Além do Social Mention, posso citar alguns sites de monitoramento e análise:

- Trackur – Social media monitoring;
- Socialmention – Social search e scoring em tempo real;
- Bit.ly – Permite encolher URLS e tem analytics;
- Feedburner – Para publicar feeds com eficácia;
- Analytics.postrank – Mede social engagement e interliga com Google & social analytics;
- Howsociable – Permite ver o social visibility;
- Knowem – Feramenta para Profile building;
- Social Media for Firefox – Óptimo Add-on;
- Google Insights – Tendências das palavras-chave;
- Page Inlink Analyzer – Analisa inbound links, Delicious bookmarks e keyword tags;
- Majesticseo – Permite ver tracking de backlinks ao longo do tempo;
- AddThis – Grande ferramenta de sharing/bookmarking com analytics.

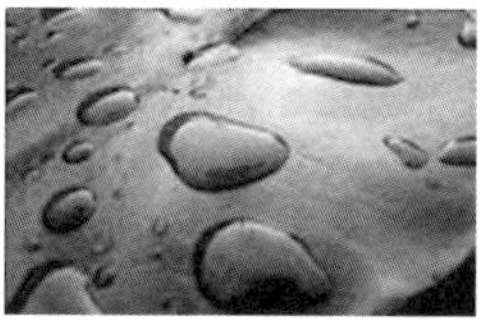

DROPS DE MARKETING: Aristóteles disse que a alma não consegue pensar sem uma imagem, então dê à sua marca a imagem correta e atrativa que seu cliente deve usar para pensar sobre ela.

12

Campanhas em Mídias Sociais – Cases

Uma campanha publicitária provém de um planejamento de marketing, o qual pode ter parte de sua verba direcionada para o marketing nas plataformas digitais, que vai muito além das mídias sociais. As mídias sociais estão dentro de um grande guarda-chuva do marketing. As estratégias digitais são diversas e parece-me que hoje permeiam todas as outras ações do marketing tradicional.

O ideal é que as campanhas sejam integradas, e o off-line direcione para o on-line e vice-versa. Muitas agências de publicidade terceirizam seus trabalhos on-line com agências digitais, e alguns clientes possuem a sua agência off-line tradicional, além de uma agência especializada em marketing digital.

Além dos cases que já citei no decorrer do livro, seguem mais alguns de sucesso de social media marketing.

Pepsi Refreshs Everything

Co-criação, assim posso definir a base da campanha intitulada 'Pepsi Refresh Everything', a qual foi lançada com um investimento de mais de US$ 20 milhões. A Pepsi trocou seus tradicionais comerciais nos intervalos do Superbowl para investir em mídias sociais.

Os projetos deveriam engajar pessoas por meio de ações individuais. Os participantes podiam escolher entre algumas categorias como saúde, arte e cultura, comida, vizinhança, educação e o planeta. Bastava elaborar um projeto, submetê-lo ao site da Pepsi para a divulgação. Só foram permitidos no máximo 1000 envios por mês.

Os vencedores foram aqueles que conseguiram mobilizar o maior número de pessoas através da rede. Isto foi medido com o número de votos de cada participante. O prêmio foi uma ajuda para custear o projeto para colocá-lo em prática e pode variar de US$ 5 a US$ 250 mil dependendo dos objetivos dos projetos submetidos. Até o fim do mês as ideias vencedoras seriam anunciadas e receberiam seus respectivos prêmios.

A campanha também ofereceu ofertas exclusivas da Pepsi para quem 'curtiu' a página da empresa no Facebook.

Todas as ações da campanha foram muito bem cotadas perante a imprensa americana como uma das campanhas que mais obtiveram retorno de imagem.

Frank Cooper, um dos CEO's da PepsiCo, anunciou que os movimento gerado no Twitter e no Facebook já vinha sendo acompanhado e isso motivou a companhia a organizar uma campanha nas mídias sociais.

Busque no YouTube o vídeo *Pepsi Refresh Project Intro.*

Case Suplemente

A Suplemente é uma empresa nacional que produz suplementos alimentares de altíssima qualidade e que tem todos seus produtos registrados na ANVISA/MS. Uma empresa que, até pouco tempo, trabalhava com mídias sociais de forma incipiente.

Após a procura de uma agência digital para melhorar sua situação nas mídias sociais, a empresa constatou a importância de ter esse trabalho sendo desenvolvido por profissionais qualificados e obteve um grande resultado.

Análise situacional da empresa na web

Após uma pesquisa realizada nas mídias sociais em que a Suplemente se encontrava e no seu site, foi constado que:

Mídias sociais

Em nenhuma mídia havia uma **identidade visual** que remetesse à marca da Suplemente. Ainda foram observados os seguintes números:

- **Twitter** – 2 seguidos e 10 seguidores.
- **Orkut** – 55 amigos.
- **Facebook** – 5 amigos.

Visitas ao www.suplemente.com.br

No período de 15 dias que antecedeu o início da campanha, foi visto que o site tinha recebido 250 visitantes únicos. Atingindo um pico de 29 visitas no dia 24, como pode ser visto no gráfico abaixo.

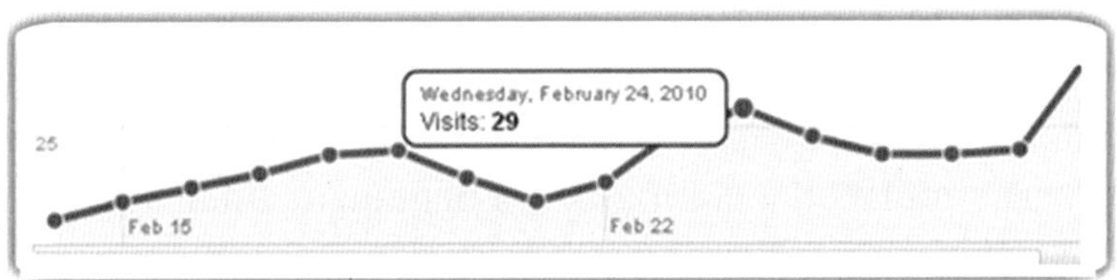

Início da campanha – 02.03.2010

A partir da pesquisa sobre o segmento da empresa, foi iniciada a ampliação das mídias sociais já existentes e a criação de novos perfis, como também uma identidade visual padrão.

Sendo assim, a ampliação foi feita para outras mídias sociais, a exemplo do YouTube, Formspring e Flickr. Essas foram integradas ao Twitter, Orkut e Facebook, que já existiam.

Identidade visual

Assim como uma campanha em mídias tradicionais (TV, outdoor, jornal etc.), o layout precisa seguir a mesma linha também nas mídias sociais, fazendo com que o impactado perceba a marca dos avatares e backgrounds.

Twitter

Após um estudo sobre a empresa e seus produtos, as informações desses foram sintetizadas. A partir disso, foi feito um agendamento com uma sequência de 15 tweets diários, destacando os benefícios de cada ponto e redirecionando o consumidor ao site.

Como estratégia, procurou-se postar dicas de saúde, afinal, nas mídias sociais não devemos vender diretamente o produto/empresa, mas dar conteúdo relevante, ganhar a confiança dos usuários, para que as vendas sejam consequência desse processo. É necessário, além de tudo, conversar.

Alguns exemplos:

- A eficácia da proteína é maior quando tomada imediatamente após os treinos. O seu corpo exigirá mais proteína para alimentar os músculos "famintos".
- Parabéns, Rio de Janeiro, pelos seus 445 anos de muito Sol e praia! A propósito, quer ficar em forma neste verão? ttp://bit.ly/ShakeLeve

Exemplos de conteúdo disseminado e de relacionamento construído:

Orkut e Facebook

Nas duas redes, foram criadas novas contas para que fossem trabalhadas as singularidades de cada produto e para criar um relacionamento com os consumidores (amigos), adicionados estrategicamente, e, por meio de anúncios-links, procurou-se sempre linká-los para outras redes sociais e para o site da empresa de forma integrada. Vejam esses exemplos de anúncios-link, do relacionamento conquistado e da adição do público certeiro:

Flickr

Na maior rede de compartilhamento de fotos do Brasil, foi criado um perfil com base nas informações das redes anteriores. Para ampliar a relação da empresa nessa rede, ela foi ligada a grupos relacionados à área.

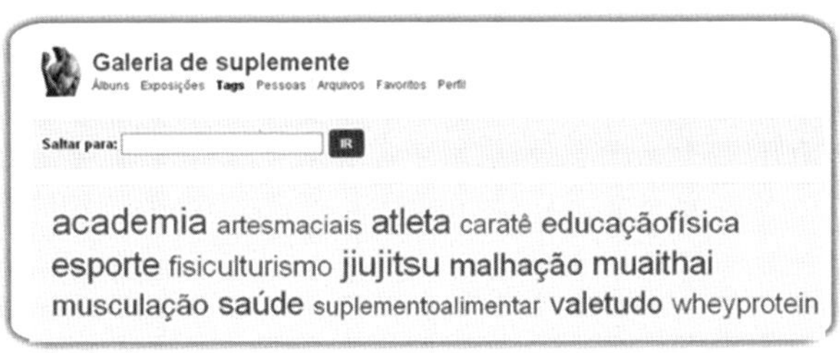

YouTube

Na maior rede de compartilhamento de vídeos do Brasil, fora criado um perfil para postagem de vídeos relacionados à marca. Por exemplo, os vídeos de fisiculturismo do Arnold Schwarzenegger com o acréscimo que ele conquistou esse corpo a partir de treino e de suplementos alimentares, para gerar uma identificação.

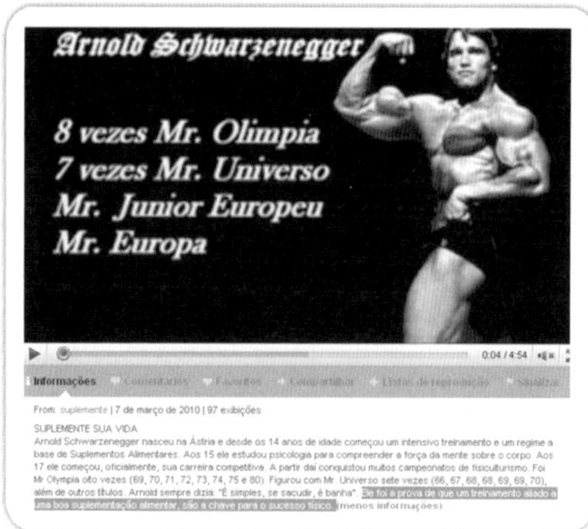

Formspring

Essa mídia social de perguntas e respostas também foi um dos componentes da campanha, para desenvolver uma maior proximidade com seu público. Como dito anteriormente, nas redes damos conteúdo, e nada melhor do que responder aos questionamentos do consumidor de forma direta.

Resultados

Visitas ao site

Vejam o aumento no fluxo de visitas após essas ações nas mídias sociais:

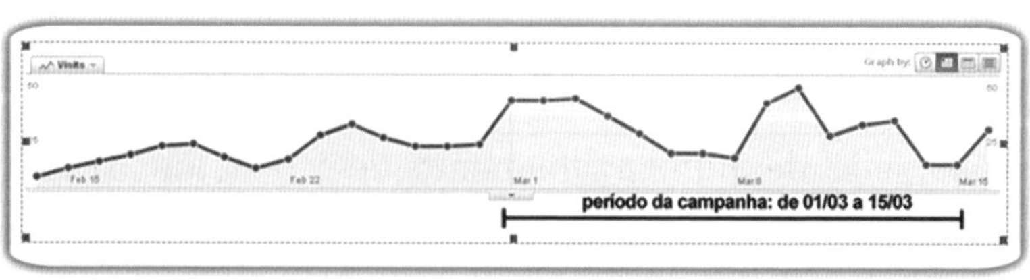

É perceptível o aumento de visitas após o início da campanha. Logo no início, foi superado o pico de visitas citadas anteriormente, fazendo com que, por 7 dias, fossem atingidos picos superiores. Dia 1 (40), dia 2 (40), dia 3 (41), dia 4 (33), dia 9 (39), dia 10 (**46**), dia 13 (31). Cerca de 75% dos novos visitantes ficaram o tempo médio de aproximadamente 2 minutos no site. O que, para internet, é considerado bom.

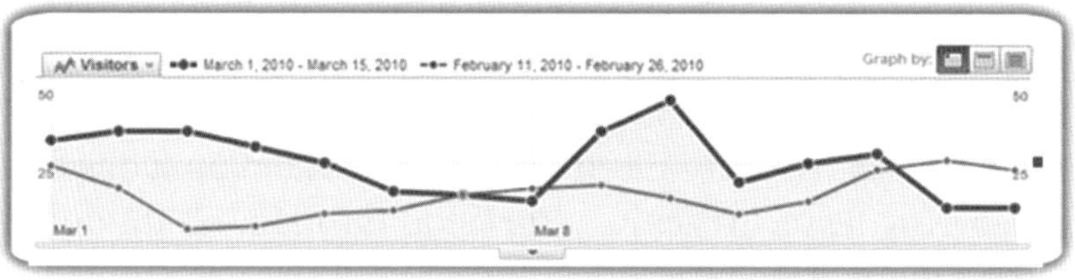

Analisando o gráfico que compara o período quinzenal de 11.02.2010 a 26.02.2010 (anterior a campanha) e 01.03.2010 a 15/03/10 (durante a campanha), nota-se um aumento considerável no número de visitas, passando de 258 para **416 acessos** de visitantes únicos de 228 para 332. E ainda houve um crescimento de aproximadamente 66% dos "referring sites", terceiros que trazem usuários para o site. Por exemplo, as mídias sociais.

Mídias sociais

Foi conquistado o relacionamento com clientes potenciais e foi gerada uma identificação da marca Suplemente.

Métricas após 15 dias de campanha:

- **Twitter** – 448 seguidos e 284 seguidores.
- **Orkut** – 330 amigos.
- **Facebook** – 28 amigos.

Case Oscar Filho – Integrante do programa CQC da rede Band TV

O produtor de eventos André Vilela sempre divulgou seus eventos pelo Orkut e seu Twitter, mas decidiu profissionalizar esse trabalho e passou a terceirizar o serviço nas mídias sociais para uma agência digital. Resultado: mais um grande case em mídias sociais exercido por profissionais do segmento, mostrando uma nova profissão emergente entre comunicólogos – os analistas de mídias sociais.

Para o caso de um dos eventos de André Vilela, foi desenvolvida uma campanha de mídias sociais que englobava o Twitter, o YouTube, o Flickr, o Facebook e o Orkut. O produtor percebeu que era mais eficaz passar o trabalho para uma agência digital do que ele próprio fazer, mesmo tendo conhecimento das mídias sociais.

A campanha era para a divulgação do show de Stand-up Comedy do Oscar Filho – integrante do CQC, em uma das capitais da região Nordeste, Aracaju. Partindo da ideia de que o humor é uma das melhores estratégias para se gerar buzz na internet, a agência desenvolveu uma ação promocional nas mídias sociais para estimular o público-alvo a ter o seu momento de comediante.

O objetivo era fazer com que o target interagisse com a campanha e divulgasse a peça de forma espontânea entre os amigos, por meio de vídeos. Com base nas palavras-chave que seriam pesquisadas no período que antecedeu a peça, a agência criou os perfis com "Oscar Filho Aracaju". Essa estratégia é conhecida como Social Media Optimization (SMO), que facilitou para que os usuários achassem os perfis nos mecanismos de busca, como o Google.

Por meio de um canal específico para a promoção no YouTube, foi utilizado um *vídeo estímulo* como exemplo do que deveria ser feito para participar, além da aplicação de uma vinheta e uma tarja em cada vídeo participante, para fixar, explicar e divulgar a peça no momento de viralizar.

Após o início da campanha, foram selecionados seis vídeos de usuários enviados para o e-mail da promoção. Nas outras redes, como Orkut e Facebook, foram reunidos mais de 1.500 amigos que faziam parte do público-alvo e que eram influentes na rede.

No Twitter, o próprio humorista Oscar Filho ajudou a propagar a campanha promocional tweetando sobre ela, o que fez com que aumentasse a movimentação nas redes e o número de RTs.

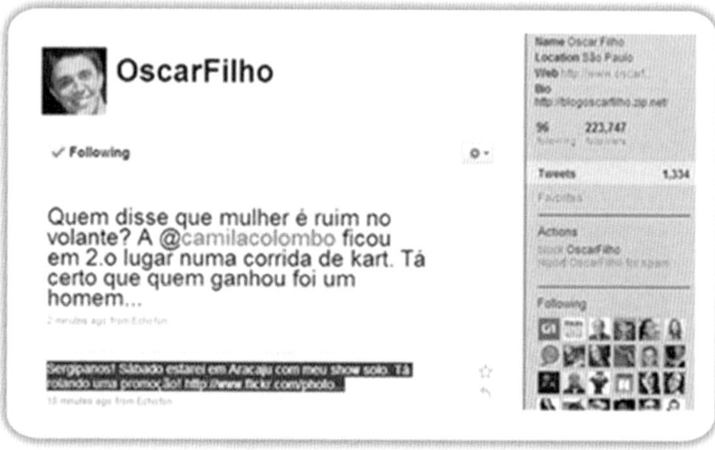

No Flickr, foram adicionadas fotos do Oscar, juntamente com o cartaz promocional, e posteriormente fotos do humorista com a vencedora.

Métricas da campanha em menos de duas semanas de ações nas mídias sociais

- YouTube: os vídeos dos participantes somaram mais de 2.000 visualizações.
- Orkut: mais de 1.500 usuários relevantes e influenciadores.
- Twitter: cerca de 429 seguidores.
- Facebook e Flickr: centenas de visitas e visualizações.
- Google: pesquisando por "Promoção Putz Grill", são expostos aproximadamente 1.690 resultados.

Além da conquista desses números, foi construído um relacionamento forte entre o público-alvo e a marca do produtor. Resultado de um trabalho desenvolvido por um grupo de profissionais treinados para atuar especificamente nas mídias sociais.

Busque no YouTube os vídeos *Oscar Filho Promoção Putz Grill*

Citybank e Twitter

No começo de 2011, o Citybank criou sua conta no twitter (@askCiti) com o intuito de ouvir as reclamações dos clientes.

O banco levou a sério seu relacionamento on-line com seus correntistas pelo Twitter. Apenas para responder os usuários no Twitter mais de 100 pessoas foram treinadas. Uma das maiores preocupações deste treinamento foi o sigilo bancário dos clientes. Todos os funcionários foram instruídos a orientar os clientes para que não publicassem nenhum dado pessoal pela timeline, se necessário, somente por DM.

Os bancos possuem normalmente um grande número de reclamações, principalmente na internet. A maioria dos bancos simplesmente as ignora, desta forma a ação do Citibank teve uma grande aceitação pelos clientes.

O Banco do Brasil percebeu o movimento que seus clientes geravam nas redes e começou a interagir, responder e orientar seus clientes por meio do @MaisBB. Além das mentions, ambos monitoram as palavras-chave.

Whopper sacrifice – Burger King

A ideia da campanha lançada em janeiro de 2009 era de deletar 10 amigos de sua rede no Facebook em troca de um cupom que daria um sanduiche da rede Burger King chamado Whooper para quem conseguisse. Para isso, o Burger King criou um aplicativo no Facebook: 'Whooper Sacrifice'. Com este app. o usuário escolheria os amigos a serem excluídos e eles eram exibidos no mural.

Veja o que dizia a campanha:

"O que você faria por um Whoper grátis? Agora é a hora de colocar suas amizades virtuais em teste. Instale 'Whooper Sacrifice' no seu perfil do Facebook e recompensaremos você com um delicioso Whopper quando você sacrificar 10 amigos seus".

A agência que organizou a campanha disse que a ideia veio depois dos próprios funcionários perceberem que tinham muitos amigos nos seus perfis. A ideia principal da campanha era provar que o amor pelo Whooper era maior do que pelos 'amigos' que estavam nas suas redes mas que não eram amigos de verdade. Mas, mesmo que seus 'amigos' de verdade superassem os 10 necessários para se obter o cupom não adiantaria muita coisa, só era permitido um cupom por perfil.

A campanha foi encerrada depois de desentendimentos entre o Facebook e o Burger King pois a companhia de Zuckerberg decidiu por desabilitar as publicações no mural alegando problemas de privacidade e isto levou o Burger King a encerrar a campanha. Atualmente a página do aplicativo no Facebook leva a seguinte frase na descrição:

"Facebook® has disabled WHOPPER® Sacrifice after your love for the WHOPPER® Sandwich proved to be stronger than 233,906 friendships."

"O Facebook desabilitou o Whopper Sacrifice depois de vocês provarem o seu amor pelo Whopper com mais 233,906 amizades."

Lema da campanha: "Friendship is strong, but the Whopper is stronger." ["A amizade é forte, mas Whopper é mais forte ainda."]

Busque no YouTube o vídeo *Whopper sacrifice – Burger King.*

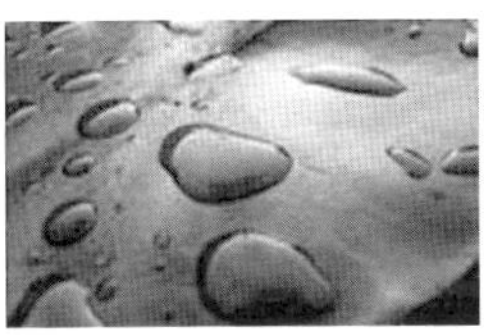

DROPS DE MARKETING "A melhor maneira de prever o futuro é criá-lo."

Peter Drucker

13

A Palavra Marketing Vem Antes da Palavra Digital

No marketing digital, a palavra marketing vem antes da palavra digital, ao menos aqui no Brasil. O que quero dizer é que os conceitos fundamentais de marketing, publicidade e design são mais importantes do que todas as ferramentas digitais vistas aqui. São as estratégias, o planejamento e o pensamento humano que vão fazer as táticas utilizadas nas ferramentas atuais ou futuras darem resultados.

Como em qualquer outra especialidade do marketing, como o marketing esportivo, cultural, político, entre outros, no marketing nas plataformas digitais conceitos como a pirâmide de Maslow, Matriz SWOT, Posicionamento de Jack Trout e Al Ries, os 4 P's de Jeromy McCarthy, Modelo AIDA, os 4 C's de Robert Lauternborn, os 4 A's de Raimar Richers, são bases para um aprofundamento em qualquer especialidade do marketing.

O controle da marca não existe. O comportamento do consumidor atual com a internet deixou de ser um simples receptor da comunicação para se tornar retransmissor e formador de conteúdo. Ouça bem: cada pessoa com um computador e um pouco de habilidade tem as ferramentas para fazer suas opiniões sobre sua marca ser ouvidas por outras pessoas. O controle da mensagem é uma ilusão, desista.

Seus funcionários estão falando sobre você no Facebook e no Orkut, em grupos fechados para fazer isso em paz, ou seja, você já não tem mais controle sob a sua marca, o que você deve fazer é entrar na conversa e tentar influenciá-la. Seus clientes enviam e-mails, usam o Twitter e o MSN para falar da experiência com sua marca. Você não tem controle. Você deve entrar na conversa, pois você poderá ao menos influenciar o que está sendo dito.

O marketing tradicional não é inimigo do marketing on-line ou marketing digital, eles são, na verdade, complementares. A mídia off-line pode complementar a on-line e vice-versa. O que existe hoje é uma clara divisão entre as agências digitais e as agências de publicidade tradicionais, elas podem trabalhar em parceria ou ter um braço digital dentro da própria estrutura off-line.

Durante o livro, nos aprofundamos no tema central, as mídias sociais, porém é importante entendermos o momento pelo qual passamos, suas transformações e seu legado, para que possamos compreender a importância e a aplicabilidade do marketing. É fato que grande parte desse processo de velozes mudanças e transformações que todos estamos vivenciando é decorrente de dois fatores principais: a globalização e o desenvolvimento tecnológico. O mundo como conhecemos hoje faz parte desse processo ou advém dele. A globalização está presente na realidade e no pensamento, desafiando grande número de pessoas em todo o mundo.

O desenvolvimento da tecnologia acelerou o processo de globalização e vice-versa, promovendo um ciclo contínuo e irreversível, capaz de alterar culturas, sociedades e o próprio homem. Para finalizar o livro, vou passar por alguns conceitos e estratégias de marketing que considero fundamentais para o sucesso de uma campanha em mídias sociais.

As Mídias Sociais e a Segmentação de Mercado

Segundo Kotler, a segmentação é a subdivisão do mercado em subconjuntos homogêneos de clientes, sendo que qualquer subconjunto pode, concebivelmente, ser selecionado como meta de mercado a ser alcançada com um composto de marketing distinto. Desse modo, devemos tratar cada mídia social e cada target de forma única. Outras disciplinas têm contribuído de maneira significativa para os estudos de segmentação de mercado, como é o caso da sociologia e da psicologia. Em 1977, um artigo de Schwitzer propôs a adoção da segmentação psicográfica para maior alcance da audiência de veículos. A segmentação psicográfica enfoca o estudo do comportamento do consumidor e divide o mercado em segmentos com estilos de vida homogêneo entre si, e heterogêneo em relação aos demais segmentos. A segmentação psicográfica, a qual considero mais importante, é muito comum nas mídias sociais. São várias as comunidades que se relacionam de forma psicográfica e se segmentam por estilo de vida.

Um conceito interessante de segmentação é o proposto por Charlene Li e Jeremiah Owyang denominado *Socialgraphics*, o qual propõe uma segmentação do comportamento das pessoas nas redes sociais on-line e dos relacionamentos entre elas.

Temos um novo elemento na segmentação, auxiliando a segmentação geográfica, que são as redes sociais *mobile*. Plataformas como o Foursquare trazem a geolocalização como mais uma forma de se descobrir o comportamento e locais usuais dos consumidores.

Philip Kotler (Chicago, 27 de maio de 1931) é um professor universitário na Kellogg School of Management na Universidade Northwestern. Kotler já prestou consultoria a grandes empresas nas áreas de estratégia de marketing, planejamento e organização, marketing internacional, e tem mais de 18 livros traduzidos para português nessas áreas. Esta foto foi tirada durante um evento em que Kotler citou, por várias vezes, a força das mídias sociais. Na foto, tive a honra de presenteá-lo com meu primeiro livro, o Orkut.com (2005).

Neste mesmo evento, Kotler cedeu uma entrevista. Ele esmiuçou as dúvidas que pairam a respeito da influência que as mídias sociais terão nos negócios daqui para frente. Em sua opinião, chegará o dia em que todas as empresas serão compelidas a veicular suas mensagens em sites como o YouTube.

1. De que modo as empresas devem utilizar redes sociais como ferramenta de marketing?
Kotler: *As empresas ainda não encontraram as respostas mágicas a respeito de mídias sociais, como Facebook e MySpace. Nelas, milhões de pessoas conversam sobre produtos e experiências de consumo todos os dias. É um novíssimo mundo em que essas conversas terão mais influência do que os comerciais. Mas também tenho visto campanhas feitas para estimular o diálogo entre os consumidores. Muitas empresas de bens de consumo, como a Dell e o Burger King, têm realizado experiências nas redes sociais para ver o que acontece.*

2. O site YouTube deve ser visto pelas empresas como uma ferramenta de marketing?
Kotler: *Como forma de entretenimento, as pessoas estão cada vez mais assistindo ao YouTube. Talvez não irão até a página de uma empresa para assistir a um comercial, mas como as empresas não sabem quem terá ou não interesse, vale a pena veicular comerciais curtos. Os vendedores, por exemplo, poderão enviar o vídeo para os clientes. Chegaremos a um ponto em que todas as empresas, grandes ou médias, terão um vídeo no YouTube. Lembre-se de que clientes insatisfeitos também podem criticar ou satirizar uma marca no YouTube. As empresas hoje têm muito menos controle sobre o mercado.*

3. Em meio a mudanças de comportamento de consumo e a novas ferramentas de marketing, como reconhecer o melhor caminho para cativar o consumidor?
Kotler: *As empresas devem, principalmente, entregar o que prometem e oferecer um excelente serviço. É sobre isso, na verdade, que os consumidores falam nas redes sociais. As pessoas aprendem rapidamente quais são as boas e quais são as más empresas. E essa propaganda boca a boca espalha-se muito rápido. Com*

monitoramento, você pode encontrar quatro cenários: 1) tudo o que se fala é negativo, que é o pior cenário; 2) ninguém fala nada; 3) há quem fale de forma positiva e quem fale de forma negativa; 4) tudo o que se fala é positivo.

4. Na sua opinião, o que vai diferenciar o marketing da próxima década do marketing feito atualmente?
Kotler: *Não haverá uma mudança tão grande quanto a ocorrida há 20 anos, com o surgimento da internet. Não sei qual será a próxima grande invenção. O consumidor mais cuidadoso na hora de gastar talvez perceba que menos é mais. Ele descobriu que está trabalhando muito sem aproveitar tanto a vida.*

5. Até que ponto o marketing de experiência é, de fato, eficiente para os negócios?
Kotler: *As empresas devem compreender que, em seus negócios, há design e venda de experiência. Um exemplo é a Starbucks. Ela tem condições de cobrar até US$ 4 por uma xícara de café, mesmo sabendo que o cliente consegue comprar mais barato. A experiência da Starbucks é um punhado de coisas: é o seu terceiro endereço, depois da casa e do trabalho; é o lugar onde você passa um tempo para relaxar ou conversar com os amigos; é onde usa o computador o dia inteiro sem nenhum problema.*

6. Como superar o desafio de fazer o cliente entender que nem sempre o menor preço é a escolha mais apropriada?
Kotler: *A recessão mostrou que as melhores empresas são aquelas que oferecem produtos de qualidade por um preço baixo, como o McDonald's e o Walmart. As empresas que optam por vender produtos mais caros têm algumas alternativas. A primeira é demonstrar que a qualidade dos seus produtos é realmente superior. A segunda é criar uma outra marca, uma submarca, não tão boa quanto a primeira, mas satisfatória. Isso é interessante porque dá opções ao consumidor. Normalmente, o cliente acaba preferindo o produto de menor custo. Isso aconteceu com a Procter & Gamble e com a Colgate. Mas é melhor perder espaço para uma*

submarca da empresa do que para um concorrente.

7. De que forma a gestão de marcas pode contribuir com a gestão da empresa em meio a uma crise econômica?
Kotler: *Pode contribuir, sim, desde que a empresa já possua uma marca forte. Para enfrentar a recessão, essas companhias não serão obrigadas, por exemplo, a reduzir os preços tanto quanto as outras. Já as empresas que não investiram em branding estarão duplamente em apuros: além de fragilizadas, não poderão construir uma marca nesse momento. O branding exige recursos financeiros difíceis de obter nesses tempos.*

8. Se o senhor fosse abrir uma empresa com base em algo inovador, qual estratégia empregaria para promover esse novo produto?
Kotler: *Se uma empresa é criada com muito dinheiro, provavelmente usará a mídia tradicional para chegar ao seu público-alvo. Mas se o dinheiro for escasso, precisará ser mais inteligente e construir sua reputação de forma mais barata, quase pessoa por pessoa. Uma opção é criar listas de e-mails e torcer para que a propaganda boca a boca se espalhe.*

9. Como as grandes empresas devem superar a dicotomia entre oferecer alta lucratividade aos acionistas em curto prazo e sustentabilidade em longo prazo?
Kotler: *As companhias, especialmente as de capital aberto, têm a tendência de tomar todas as decisões em curto prazo. Por isso, as empresas familiares levam vantagem: suas decisões não serão públicas. Se você tem um CEO que está prestes a se aposentar, suspeito que ele irá priorizar o curto prazo e tentará aumentar os lucros, reduzindo custos na área de pesquisa e desenvolvimento de produtos, deixando de contratar pessoas. Uma forma de evitar isso é reduzir a bonificação do executivo na saída.*

10. Qual deverá ser o perfil do gestor de marketing dos próximos 30 anos?

Kotler: *Os novos pofissionais de marketing estão fazendo um trabalho melhor ao chamar seus subordinados e clientes para participar do desenvolvimento de ideias e da concepção dos novos produtos. Chamamos isso de marketing de cocriação. Eles também estão percebendo que há dois tipos de consumidores: aqueles que se preocupam somente com o preço, que chamamos de clientes transacionais, e aqueles que querem algum tipo de consultoria ou até mesmo alguma customização, que são os chamados clientes consultivos.*

As Mídias Sociais e o Marketing de Relacionamento

Um case antigo, citado em meu primeiro livro, para exemplificar o marketing de relacionamento nas mídias sociais, é o da empresa de perfumaria e cosméticos O Boticário, que percebeu uma diminuição no número de atendimentos realizados por seus canais tradicionais de relacionamento com o consumidor, como telefone e e-mail. Ao investigar as razões da queda no número de consultas, a empresa observou que os canais não tradicionais de comunicação, como blogs e redes sociais, seguiam tendência inversa. O número de comentários espontâneos de consumidores nesses canais não para de crescer.

No Orkut, O Boticário descobriu histórias curiosas, como a de Laura Tupinambá, uma consumidora fã da deocolônia "One of Us", que juntou sua voz a de outros 200 consumidores na comunidade "Órfãos do One of Us" para reclamar da descontinuação da deocolônia pela empresa. Em vez de virar as costas para a consumidora, O Boticário tratou rapidamente de entrar em contato com ela e explicar as razões da descontinuação do produto.

Prestar atenção nas opiniões das comunidades e comentários em redes sociais, blogs e microblogging visando satisfazer as necessidades e interagir com os usuários são a base do marketing de relacionamento nas mídias sociais. É uma estratégia de negócios que visa construir proativamente uma preferência por uma organização com seus clientes, canais de distribuição e funcionários, contribuindo para o aumento do desempenho dessa organização e para resultados sustentáveis. Consiste, portanto, em lançar mão de várias ferramentas do marketing, integradas sob um grande "guarda-chuva" que garante alinhamento estratégico e coerência de ação.

A nova versão do Windows Live Messenger chega com novidades altamente 2.0. Dentre elas, destaco a integração a mídias sociais como Facebook, MySpace, YouTube, Twitter e o Flickr, além posts em blogs pelo Wordpress. Por meio do programa, é possível, por exemplo, publicar atualizações em outras redes sociais e ver o conteúdo que seus amigos postam nela, como fotografias no Flickr e links de vídeos do YouTube abrem na janela de conversa. No novo Messenger, os contatos favoritos ficam em evidência na lista de amigos e o conteúdo compartilhado por eles em outras redes sociais é destacado em um módulo do programa que agrega essas postagens. Enfim, nasce a era em que não apenas mídias off-line e on-line se integram, mas como também as próprias mídias sociais e comunicadores instantâneos, gerando uma possibilidade de relacionamento empresa/consumidor nunca antes possibilitada.

Segundo a Microsoft, o Messenger tem mais de 320 milhões de usuários no mundo todo, que enviam 10 bilhões de mensagens a cada dia. É possível utilizar um plug-in do MSN Messenger para criar atendimentos on-line nos sites, ampliando a possibilidade de relacionamento e atendimento ao consumidor. A importância dos conhecimentos de marketing one-to-one será fundamental e exigirá não um investimento maior em mídia, mas em pessoas capacitadas para lidar com essa nova realidade do marketing.

Vale lembrar que em mídias sociais não é aconselhável o uso do imperativo, como: Compre, Faça, Veja. Nas mídias sociais a comunicação é diferente das mídias tradicionais.

As Mídias Sociais e o Buzzmarketing

O buzzmarketing tem como objetivo disseminar a mensagem, e para fazer com que isso aconteça, é necessário que a empresa esteja interagindo com os consumidores nos lugares onde eles se encontram: nas mídias sociais. Chegar até as outras pessoas com um alto grau de influência, formadoras de opinião. Esse espaço construído pela interação dos usuários da web é onde tem se concentrado o público que precisa ser alcançado e que está compartilhando sobre suas experiências de compras.

O conteúdo criado dentro das mídias sociais assume uma proporção muitas vezes não esperada ou planejada, viralizando e alcançando rapidamente um número alto de visualizações e reproduções. Algumas das considerações feitas a respeito é que essa multiplicação da mensagem está diretamente associada ao valor que cada usuário possui dentro da rede, e que é em grande parte atribuída ao capital social adquirido por este, afinal, a influência do usuário que está disseminando a mensagem e as interações dele na rede no processo de cooperação na construção de conteúdo está intimamente associada ao sucesso da viralização.

O termo marketing viral foi criado por um estudante da Harvard Business School chamado Tim Draper. O termo foi popularizado em 1997 pela empresa de capital de risco Draper Fisher Jurvetson, do próprio Tim Draper e de Steve Jurvetson, para descrever a prática do Hotmail de anexar pequenos anúncios de si mesmo nas mensagens de e-mail enviadas por seus usuários.

A semeadura, o chamado "seeming", é a implantação da peça viral nos pontos-chave da rede de distribuição. Dependendo da mídia social, a semeadura é feita em um único ponto, como no YouTube, ou em vários pontos, como no Orkut, onde pode ser realizada nas comunidades mais relevantes.

É preciso que formadores de opinião e pessoas com influência na rede sejam atingidas e tenham acesso à mensagem. A campanha deve ser monitorada para acompanhar sua propagação e interagir com mais redes e usuários, caso seja necessário.

A campanha de marketing viral pode ser baseada em uma única peça viral ou em um conjunto delas, como acontece com as séries em vídeo. A campanha pode ter diversos complementos, como um blog, um hotsite ou até um making of. A vantagem dos complementos é manter a longevidade da campanha.

Para um aprofundamento no tema aconselho a leitura dos livros e artigos de Dan Zarella, estudioso do marketing viral.

O custo de produção de um vídeo viral pode ser muito baixo ou pode ter uma superprodução, a ideia criativa fará a diferença. Os textos devem ser bem elaborados, explorando o humor ou as ideias inusitadas.

As Mídias Sociais e o Marketing de Guerrilha

Pode surpreender o número de "grandes empresas" que iniciaram a luta como pequenas empresas. A história da ascensão desses ícones é a história do marketing de guerrilha. Até 1984, os princípios do marketing de guerrilha eram conhecidos por um grupo seleto de pessoas no mundo. Eles sigilosamente mantiveram em segredo essa informação em um fervor quase fanático.

O equilíbrio de forças foi dramaticamente prejudicado por um gênio do marketing chamado Jay Conrad Levinson – indiscutivelmente um dos mais respeitados homens de marketing no mundo. Ele é o homem que cunhou o termo "marketing de guerrilha" e apresentou esses segredos. Seus conceitos têm tanto êxito que ele já publicou 27 livros sobre o assunto (em 37 idiomas). Os livros de Jay Conrad Levinson são leitura obrigatória na maioria dos mais notáveis programas de MBA no mundo, e ele é hoje o autor dos livros empresariais mais lidos e respeitados no mundo. E ele fez tudo isso "do nada". Quer dizer, o sucesso da marca "marketing de guerrilha" é um testamento dos mesmos princípios que o próprio Jay ensina. Tanto é assim que ele também é um dos criadores do Homem de Marlboro.

Então, afinal, o que é o marketing de guerrilha? "De que forma o marketing de guerrilha é diferente do marketing tradicional? Marketing de guerrilha significa estratégias pouco convencionais, nada tradicionais, que não estão no manual e são extremamente flexíveis". As táticas de guerrilha aplicam-se totalmente aos negócios eletrônicos, pois a internet não é apenas um novo campo de batalha para o marketing de guerrilha, mas o seu derradeiro!

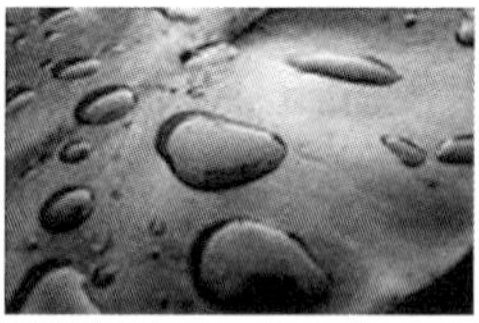

DROPS DE MARKETING "Marketing autêntico não é a arte de vender o que você faz, mas saber o que fazer. É a arte de identificar e compreender as necessidades dos consumidores e criar soluções que tragam satisfação aos consumidores, lucros aos produtores e benefícios aos acionistas."

Philip Kotler

14

O Marketing Político e as Mídias Sociais

Muito já se falou sobre esse case de Barack Obama nas eleições de 2008, mas ele foi um paradigma no uso das mídias sociais e das estratégias de marketing digital. Foi a partir da campanha de Obama que realmente ocorreu o boom da social media na política. Pessoas como eu, que falavam sobre o tema desde 2004, passaram a ter realmente um espaço no mercado e a ser realmente respeitadas, pois a prova da eficácia das campanhas em mídias sociais foi comprovada e era inquestionável. Obama se elegeu principalmente pela força da Internet.

Em 2008, fiquei fascinado pelo extraordinário uso das mídias sociais na campanha de Barack Obama. Ele transformou uma campanha presidencial de 50 estados em uma enorme comunidade on-line. No meu segundo livro, o *Geração Digital*, já havia citado o case de Obama dentro de um universo global do marketing digital, pois foram utilizadas diversas ferramentas. Neste terceiro livro, procurei exemplificar o case do Obama sob a visão específica das mídias sociais.

Obama colocou em prática tecnologias sociais. Ele venceu a eleição de 2008 por sete pontos percentuais, em grande parte por ter usado todas as tecnologias sociais de nossa época: blogs, fóruns de discussão, vídeos virtuais, mensagens de texto e redes de celulares – para conectar-se com seu eleitorado. Criou uma comunidade de base (My.BarackObama.com) para vender sua campanha e arrecadar uma quantidade de fundos sem precedentes.

Usou softwares para gestão de relacionamento com o cliente e para criar um verdadeiro relacionamento de cliente dentro de sua comunidade. E usou mensagens de texto e redes de celulares para expandir e reforçar sua comunidade.

Barack Obama, conforme retratado por um memorável vídeo no YouTube, é o Dr. Spock dos políticos – imperturbável, frio, sereno a ponto de parecer um vulcaniano.

A equipe de Obama criou o site My.BarackObama.com de forma clara, elegante e divertida – seu design foi muitas vezes comparado com o do iPod e de outros produtos. À la Facebook e outros sites de redes sociais, os membros do MyBo criaram as próprias páginas e ingressaram em grupos afins, fornecendo as costumeiras informações e fotos pessoais.

Assim como Barack Obama fez o My.BarackObama.com, a empresa pôde atrair pessoas para sua rede social ao promovê-la no principal site da empresa.

Como sites anteriores, o grande esforço poderia ser terminado com um simples “grato pela lembrança” quando a campanha tivesse acabado. Mas dessa vez não. Um novo site foi criado, Change.gov, e o presidente eleito continuou com os emails e mensagens de texto.

Obama no Facebook

No caso do Facebook, a equipe criou um aplicativo chamado "Obama", que compreendia todo o conteúdo produzido pela campanha, inclusive vídeos, press releases e blogs. Até mesmo permitia que os usuários classificassem a mídia, destacando os itens mais populares. O aplicativo atraiu um milhão de simpatizantes regulares. É claro que a equipe de Obama teve certa vantagem ao criar para o Facebook, pois, como já dissemos, Chris Hughes, cofundador do site, estava trabalhando na campanha.

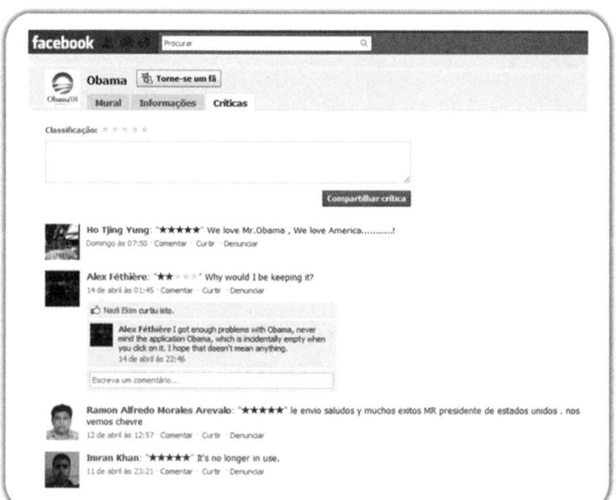

Obama no Linkedin

No Linkedin, Obama iniciou discussões sobre o futuro das empresas americanas.

Centenas de vídeos produzidos de forma rápida e acessível pela equipe de Obama foram colocados no YouTube. Em outubro de 2008, os vídeos já tinham sido vistos 77 milhões de vezes, isso só no YouTube.

A equipe de Obama, quando não estava fornecendo mensagens customizadas aos sites de rede, estava pedindo aos voluntários que o fizessem. Um voluntário que se inscreveu no MySpace, por exemplo, podia ser solicitado a colocar um adesivo de Obama em sua página. No Digg.com, os membros postavam de tudo, de notícias a vídeos, e os posts que recebiam mais votos apareciam na primeira página do site. Um voluntário de Obama que estivesse por dentro do Digg poderia ter sido solicitado a postar um artigo que derrubou John McCain ou elogiou Obama.

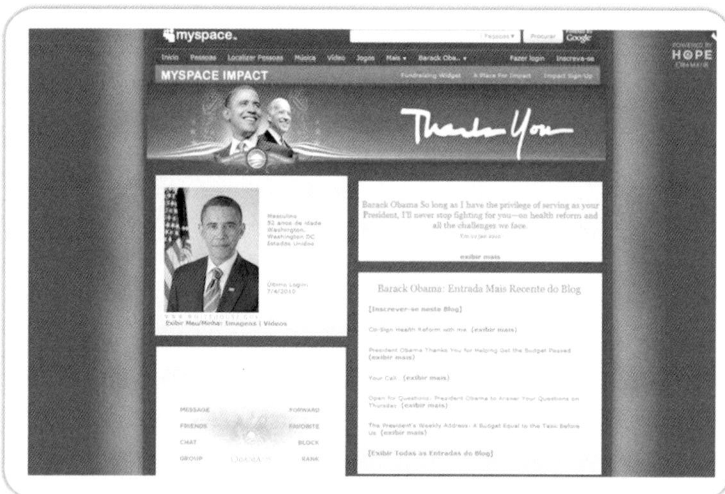

O presidente eleito Obama foi tão cativante, e seus simpatizantes tão dedicados, que alguns acharam que seus e-mails eram só para eles. É o marketing one-to-one, cujo conceito na web é fundamental para o sucesso de qualquer empresa, marca ou campanha política.

Atualmente, a maioria das organizações tem seus próprios sites, mas tem tido receio de abraçar o conceito das mídias sociais. Reconhecem que as regras desses caminhos são diferentes e não estão certos se possuem uma carteira de habilitação para trafegar por eles. Muitas agências digitais estão se especializando em mídias sociais para ajudar as empresas em suas campanhas.

Outro problema fundamental: como reagir quando sua empresa é alvo de feedback negativo do consumidor on-line? A época de ouro em que os clientes expressavam seus aborrecimentos pelo correio ou telefone já era; hoje em dia, suas reclamações estão no Twitter, Facebook, Orkut e até em sites especializados em reclamações, como, por exemplo, o portal brasileiro Reclame Aqui, em que os usuários expõem seus problemas em busca de soluções. Porém percebe-se que ainda são poucas as empresas que procuram, por meio das mídias sociais e sites especializados como este, tentar solucionar problemas comunicando-se de forma direta com os consumidores. E o pior é que muitas vezes esses posts inspiram outros usuários a adicionar seus comentários, na maioria das vezes reforçando o primeiro, de modo que, quando menos se espera, uma explosão de críticas se espalha pela internet.

Responda as reclamações on-line de forma rápida, sucinta e educada. Na maioria das vezes, as empresas postergam, na esperança de que o problema simplesmente desapareça. Na maioria das vezes, ele apenas piora. As empresas devem responder aos ataques on-line com a verdade. Se o reclamante estiver errado, diga isso claramente, mas sem qualquer toque de moralismo. Se sua empresa estiver errada, admita e prometa agir melhor – e cumpra a promessa. Defenda seu ponto de vista e deixe que o bom-senso dos ouvintes desvende os fatos.

Uma das características da eleição de 2008 foi a impressionante proliferação de vídeos. A equipe de Obama os colocou em sites e depois a comunidade assumiu o controle. Decidiam se queriam ver um filme e se colocariam em seus blogs ou páginas do MySpace e o difundiriam pelo mundo. Com o Photoshop e outras ferramentas, criavam as próprias versões dos vídeos – refazendo imagens, mudando o texto, combinando elementos diferentes vídeos nos chamados mashups.

Alguns dos filmes alterados eram paródias elaboradas, outros eram simples piadas visuais – como a que comparava Obama ao Dr. Spock, de “Jornada nas Estrelas”, e McCain ao nêmesis dos Batman, o Pinguim. Mas estava ocorrendo em espaço público, não em seu site, e ele entendeu o primeiro princípio de marketing no mundo das mídias sociais: se quiser que façam o trabalho para você, tem de aceitar que eles estão no comando. Para maximizar as chances de um resultado positivo, Obama tentou criar um relacionamento forte e constante com as comunidades on-line.

Uma contribuição ímpar de Obama à tecnologia da política foi o aplicativo que sua equipe ofereceu ao iPhone. Além do aplicativo "Obama 08", transformou o telefone em um instrumento de campanha com botões separados que permitiam falar sobre os eventos locais de Obama (mostrados na ordem de proximidade) e a posição do candidato sobre determinadas questões, além de fotos e vídeos de campanha.

Obama digital

Vale a pena conferir vídeo documentário brasileiro – *Obama Digital* dos diretores Pedro Sorrentino (@pedrosorren) e Rodrigo Vitulli (@rovitulli). O documentário analisa o papel das mídias digitais na campanha de Barack Obama para a presidência dos Estados Unidos em 2008. É um resumo de como a tecnologia e a "sociedade em rede" podem alterar a dinâmica de uma campanha política. http://vimeo.com/7870206.

Eleições e as Leis no Brasil

A nova legislação liberou o uso de sites, blogs e redes sociais para a realização de campanhas. A propaganda na internet será permitida em ano eleitoral.

A propaganda eleitoral poderá ser realizada na página do candidato, desde que o endereço seja comunicado à Justiça Eleitoral; também por meio de mensagens eletrônicas, por meio de endereços cadastrados gratuitamente pelo candidato, partido ou coligação; e por meio de blogs, redes sociais e sites de mensagens instantâneas, uma vez que o conteúdo gerado ou editado seja feito pelo candidato, partido ou coligação, ou pela iniciativa de qualquer "pessoa natural".

Segundo o artigo 57-D, a manifestação do pensamento é livre, mas é vedado o anonimato e assegurado o direito de resposta. Ao candidato que se sentir lesado ou ofendido por algum comentário, será permitido utilizar para se defender o mesmo espaço e tempo de exposição no site, blog ou rede social que lhe atacou. A Lei 12.034/2009 prevê ainda a liberação da arrecadação pela internet por meio do cartão de crédito (cujo valor poderá ser até de R$ 50 mil por pessoa física).

Planejamento de Marketing Político Digital nas Mídias Sociais

o primeiro passo para o desenvolvimento de uma campanha de marketing político digital é planejar todas as ações a ser realizadas pelo candidato. O planejamento vai desde a análise swot, a qual tem por objetivo identificar forças, fraquezas, oportunidades e ameaças, a estudo dos projetos, seu público-alvo, seus principais concorrentes e seus objetivos nas redes. **Identificar as redes sociais mais adequadas para aquele candidato, e o tipo de linguagem abordada, assim como detalhadamente todas as ações propostas.**

Para o sucesso de qualquer campanha on-line, é necessário ter como base a interatividade. Os protagonistas são as pessoas, não os candidatos. É uma campanha que deve ter em sua essência o trabalho voluntário. O segredo é procurar fazer com que as ações sejam o menos comerciais possível, nada de nome de partidos nos nomes dos perfis e coisas do tipo. É fundamental valorizar a biografia dos candidatos, seus projetos, sua origem. Os usuários querem saber quem é de verdade aquele cara, quais as ideias dele e o que ele já fez. Na internet, tudo é muito rápido, é um palco para a democracia. É formado por múltiplos emissores/receptores que se comunicam com outros múltiplos emissores/receptores e daí por diante. Uma estrutura de comunicação descentralizada e sem hierarquia, de forma direta, sem intermediários. Com alto poder de interatividade com os eleitores, que devem ser tratados de forma personalizada, one-to-one. Estes podem iniciar mobilizações sociais por meio de engajamentos a baixo custo.

Diversas pesquisas comprovam que mais de 80% dos usuários que acessam a internet no Brasil fazem parte de alguma rede de relacionamento. Seja em casa, no trabalho, em lan-houses ou telecentros. Cerca de 50% destes são extremamente ativos. Cem por cento das classes A e B têm fácil acesso à internet, já as classes C e D somam 60% e são as classes que mais se multiplicam em razão do crescimento das lan-houses, o barateamento dos celulares com internet e as facilidades na compra de computadores.

O brasileiro é o povo que passa mais tempo conectado. É o 2° no YouTube, Gmail e Twitter. E o 1º no Orkut e no MSN. Os brasileiros terão a chance de discutir melhor sobre seus candidatos, dar suas opiniões, conhecer melhor os seus projetos, pesquisar e propor. Os candidatos devem estar preparados para ouvir e reagir de forma estratégica. Cerca de 56% das pessoas afirmam que só concretizaram um negócio após pesquisar na internet, na política não será diferente.

As mídias sociais a todo o momento devem se integrar, vídeos postados no YouTube devem ser divulgados no Twitter, que é integrado ao Facebook, que divulga no Orkut, com fotos do Flickr, e assim por diante. Os usuários gostam de se manter informados sobre aquele candidato que ele está conhecendo, então informe todos os passos com as agendas, divulgando os jornais e as notícias sobre o candidato. Divulgue as fotos dos eventos que o candidato participou, porém tome cuidado ao selecionar as melhores fotos, para não ficar cansativo ver fotos praticamente iguais de políticos nos eventos, isso é #fail. Procure um diferencial nas fotos. Fotos espontâneas são as melhores.

A palavra-chave do projeto é interagir e ser transparente, ter honestidade na rede e saber ouvir os usuários, saber as opiniões deles sobre suas ideias. No Twitter, por exemplo, agradeça via DM os seguidores, responda com a maior cautela possível e preserve a forma como o candidato se comunica. Use hashtags quando necessário, siga estrategicamente e permita ser seguido por quem quiser, cite usuários e procure ser sempre simpático e autêntico, jamais falso.

Participe de campanhas sociais e procure se inserir no cotidiano dos usuários daquela rede social, por exemplo, a brincadeira #followfriday para indicar usuários relevantes da semana no Twitter. Faça questão de informar aos usuários quando não é o candidato que está falando, para que não gere nenhuma polêmica. Por falar em polêmica, muita atenção a ela, procure minimizar estrategicamente problemas e monitorar todas as mídias sociais para saber tudo que é dito sobre o candidato por meio de diversas ferramentas de mensuração. A prestação de contas do candidato referente às doações e aos gastos também pode ser usada para transmitir segurança e transparência aos usuários.

Procure obter um melhor posicionamento nas buscas naturais das mídias sociais por meio de técnicas de SMO com relação às palavras-chave do candidato. É importante frisar que a campanha on-line deve ter a mesma ou maior importância do que a campanha off-line. Na internet, aquilo que se veicula fica registrado, então se faz necessário haver profissionais focados e treinados para isso. A linguagem na internet é diferente, deve ser mais informal. Procure adaptar o tipo de linguagem para cada rede social.

Posso afirmar que jamais conseguiremos reproduzir a forma com que Barack Obama e toda sua equipe de estrategistas obtiveram sucesso nas eleições nos EUA. Temos o case dele como referência, mas, com sinceridade, vivemos uma história diferente, um povo diferente, com cultura diferente, uma economia diferente, então se faz necessário adaptar para a nossa realidade. Enquanto a duração da campanha nos EUA é de aproximadamente 2 anos, no Brasil são aproximadamente 4 meses (sem segundo turno). A abrangência dos partidos gera um pouco de distração por parte dos eleitores, entre outros fatores.

Muitas campanhas em mídias sociais serão feitas a partir do ano de 2010, porém o que diferenciará uma da outra é a velha criatividade e a capacidade em "ousar", o ser diferente e criativo é fazer a mesma coisa, só que de maneiras diferentes. É importante que o próprio político esteja engajado com as estratégias digitais, que tenha um posicionamento e que ele próprio, às vezes, atualize alguns perfis. Sabemos que, na campanha política, é tudo muito corrido, e os políticos ainda não estão familiarizados com essas tecnologias digitais. Devemos ser realistas ao afirmar que nenhum político poderá ficar pendurado nas redes sociais o tempo todo, a eleição ainda é encarada com uma verdadeira batalha e os homens devem ir às ruas. Porém deve-se fazer o máximo de esforço. Isso agrega um grau maior de pessoalidade e informalidade, características condizentes com o meio.

Cerca de 35% dos internautas colocam ativamente suas opiniões nas mídias sociais. Não pense em convencer os usuários, pense em ganhar a confiança deles. A grande sacada é quando se consegue criar voluntários e pessoas que propagam o seu projeto de forma espontânea, independentemente de partido, voto ou eleição. Deve-se ser humilde também, e não brigar com os usuários, buscar colocar-se no nível deles e resolver os problemas de maneira estratégica e humana. É preciso entender e conhecer a fundo os usuários para se comunicar de forma eficiente com eles, evitar erros de português e cometer gafes.

Cronograma de ações

Construir cronogramas quinzenais de ações para que o candidato esteja por dentro do que está sendo feito e para que todos possam se planejar e agir de forma organizada e padronizada com base em prazos e metas, podendo haver interferências quando necessário.

Treinamento da equipe de apoio

É importante que a equipe do candidato esteja em total sincronia com os analistas de redes sociais. Para isso, aconselhamos um *breve treinamento*, para que eles possam entender como será todo

o funcionamento dos trabalhos na internet, e de que forma eles deverão contribuir para isso.
#crossmediawork – Integração entre as mídias de trabalho. Off/On.

Criação de perfis de forma estratégica

É necessário ir além da criação de simples perfis, é preciso ser estratégico. Os amigos dos perfis devem ser adicionados estrategicamente e de maneira segmentada, seja por região, por faixa etária ou baseado nos projetos do candidato, por exemplo, se o candidato possui projetos esportivos, adicione pessoas ligadas ao esporte. Em sua maioria, estes são influenciadores e retrasmissores de conteúdo.

Identidade visual

Crie backgrounds a partir da identidade visual do site do candidato e padronize-a nas redes e nos anúncios que compartilhar.

Comunidades

Entre e participe de comunidades ligadas ao segmento do candidato, interagindo com os usuários, com o objetivo de ganhar a confiança e divulgar os projetos que interessam a aqueles usuários. Comunidades compartilham interesses em comum. Fale para quem quer ouvir.

Comunidade oficial

Crie uma comunidade oficial para o candidato, em que estarão disponíveis todas as informações sobre ele, todas as formas de contato possíveis, diretas, e interação por meio de conteúdo e discursão nos fóruns, linkando o site e outras redes sociais. A principal meta é sempre desenvolver interatividade com cada uma dessas comunidades, interagindo com as pessoas e os tópicos de maneira a ganhar confiança e credibilidade com as pessoas.

Texto base para a criação dos perfis e comunidades

Defina um texto base para criação dos perfis, porém cada um utilizando uma linguagem de acordo com o tipo de rede social e público.

Segmentação das mídias sociais

Barack Obama se "infiltrou" em 178 redes sociais nos EUA, desde as tradicionais até as mais segmentadas, como redes sociais só para negros, asiáticos, surfistas, idosos, evangélicos, entre outras. Estude os projetos do candidato e se infiltre nas redes sociais segmentadas a fim de conversar e disseminar aquela ideia de forma direcionada.

Rede Social Oficial do Candidato

Por meio de redes sociais para o desenvolvimento de redes sociais segmentadas, por exemplo, o Ning, faça uma rede social oficial do candidato em que poderá reunir todas as pessoas que apoiam o candidato e querem conhecer seus projetos, conversar e trocar ideias. Os usuários podem interagir no fórum ou no bate papo, inserir fotos, vídeos, escrever em blogs, inserir arquivos de áudio, entre outras formas de multimídia. Dê a eles ferramentas de divulgação da sua campanha e transforme-os em voluntários.

Relatórios

Apresente mensalmente relatórios detalhados de tudo que foi feito e dos resultados que foram obtidos em cada mídia social, de maneira integrada ao site do candidato.

Observação: Todo o planejamento apresentado acima pode ser adaptado à sua empresa.

Campanha Ficha Limpa

A proposta é o Projeto de Lei da Ficha Limpa (PLP 518/2009) ir à votação no senado para se tornar uma lei que mudará a política brasileira, removendo das eleições candidatos que cometeram crimes sérios como desvio de verba pública, corrupção, assassinato e tráfico de drogas. O objetivo é conseguir mobilizar usuários em busca de dois milhões de assinaturas. Por meio das mídias sociais Facebook, Twitter e Orkut, os usuários podem compartilhar a campanha e convidar os amigos a participar. A opção de adicionar contatos de e-mail também é oferecida. O projeto é uma iniciativa da AVAAZ.ORG.

Lembre-se de que as mídias sociais são o local mais apropriado para você exercitar sua web cidadania, lembram-se do #forasarney no Twitter? Os formadores de opinião não são mais os apresentadores de TV, somos nós, quando interagimos e damos nossas opiniões nas mídias sociais.

#ficadica

Politweets

É um site que mostra todos os políticos do Brasil que estão no Twitter e realiza uma twitteleição por meio de um simulador de votos via Twitter. Além de disponibilizar o perfil dos candidatos com as últimas atualizações, o Politweets informa as estatísticas de cada Twitter do candidato como: data de início do Twitter, quantos tweets já fizeram, quantos tweets são feitos por dia, quantidade de seguidores, média de seguidores por dia, e um ranking. É informado o e-mail do candidato também. É um agregador de conteúdo web 2.0 dos políticos do Brasil. Seu principal objetivo é proporcionar um ambiente onde a população possa interagir diretamente com os políticos e também se organizar, acompanhar e exigir transparência e ética da classe política. O Politweets é gerenciado por Leo Zeba (@leozeba) e Matheus Peu (@matheusmo). O projeto já foi notícia nos principais portais de comunicação do Brasil como Globo.com, Veja.com.br, Estadão.com.br, Yahoo.com, entre outros. http://www.politweets.com.br

15

Dicas Finais

Blogs sobre Mídias Sociais

Para manter-se atualizado sobre mídias sociais, aconselho o site Mashable. “O Mashable é um guia de mídias sociais e do tráfego do Twitter. É o melhor que podíamos receber”, diz Pete Cashmore.

Lançado da casa de Pete Cashmore em 2005, o Mashable recebe agora 5 milhões de page views por mês e pretende superar o TechCrunch.

O renomado blog de tecnologia passou por um redesign significativo, anunciou a aquisição do serviço de microrreviews Blippr e está cada vez mais perto de superar seu rival TechCrunch em termos de visitas únicas. Em uma época em que muitas empresas de tecnologia estão lutando para se manter vivas, o CEO Pete Cashmore está certamente desafiando o mercado.

Reposicionar a marca com um “social media guide” (guia de mídias sociais). Desde o início de 2005, o Mashable se concentra em redes sociais.

A nova ferramenta social media comments introduzida pelo Mashable junto com o serviço de comentários em blog Disqus (disqus.com), é o serviço que agrega comentários UberVu (www.ubervu.com). "As pessoas mencionam um post do Mashable no FriendFeed ou adicionam no Digg e fazem um comentário lá", diz Pete, que continua: "Na verdade, comentam mais no Twitter do que no próprio site. Então estamos tentando conectar as pontas e não perder a conversa desses outros sites. Estamos puxando comentários de praticamente qualquer rede social em que estejam falando sobre artigos do Mashable."

Além de usar o Google Alerts com as palavra-chave que mais lhe interessam, uma sugestão é buscar informações dentro de blogs É provável que se encontre informações relevantes ou que você ainda não conheça sobre marketing digital e social media. Assim como em outros casos, a busca de blogs permite ajustar a data, até mesmo para o que foi postado nas últimas 12 horas, uma vantagem importante para quem faz buscas digitais todo dia.

Tags nas mídias sociais

Uma tag é uma palavra atribuída a uma parte do conteúdo que ajuda a descrevê-lo (por exemplo, livro, blog, social media). Uma única parte da mídia pode ser marcada com várias palavras, e tags são usadas para busca de conteúdo que não é textual, como vídeos e fotos; por exemplo, tags são como o seu conteúdo será encontrado em uma pesquisa, ou seja, tente pensar em cada palavra que alguém poderia procurar.

A decodificação de tags pode ser realizada com câmeras de celulares, as quais chamamos de Mobile Tags. Um exemplo são os códigos de barras 2D que permitem encriptar URLs; os QR-Codes (Quick Response Code). Para criar um QR-Code, veja o site http://www.i.nigma.com.

Busca de livros e e-books para download gratuito

- JustFreeBooks: http://www.justfreebooks.info/es
- BookonHand: http://libros.bookonhand.com
- Book Finder: http://www.bookfinder.com
- Book Factory: http://www.booksfactory.com
- LibrosGratis: http://www.librosgratisweb.com
- Edom: http://www.edom.co.uk/ebooks
- PDFEbooks: http://search-pdf-books.com
- EBooks Search: http://www.ebook-search-engine.com
- Virtual Books: http://www.virtualbooks.com.br

Outros blogs e sites internacionais importantes

- Blog pulse: http://www.blogpulse.com
- Ice rocket: http://www.icerocket.com
- Technorati: http://technorati.com (Sugiro prestar atenção especial a este recurso pelas ferramentas variadas que possui, de especial interesse para donos de meios de comunicação digital)
- Twingly: http://www.twingly.com/search
- BlogSearchEngine: http://www.blogsearchengine.com
- Blog Digger: http://www.blogdigger.com/index.html
- http://www.ideazone.ca
- http://www.ibope.com

- http://mashable.com
- http://www.socialmediaexaminer.com
- http://www.adnews.com.br
- http://www.techipedia.com
- http://social-media-optimization.com
- http://www.techcrunch.com

#prontofalei

Procure conhecer outras disciplinas, além da comunicação e do marketing. Para se relacionar bem nas mídias sociais, conhecer um pouco de psicologia, sociologia, filosofia e antropologia é muito importante. Um analista de mídias sociais precisa saber se comunicar, entender quem está recebendo aquela informação, ser criativo e ágil tanto quanto é a comunicação na internet, fugir do óbvio e ter um conhecimento global de planejamento estratégico.

Espero ter contribuído com seus conhecimentos de marketing, principalmente os relativos ao universo das mídias sociais.

Você me encontra no Twitter, Facebook, Orkut, SlideShare, Linkedin, YouTube, Flickr e demais mídias sociais. Vamos interagir e compartilhar conteúdo nas redes. Grande abraço! http://www.meadiciona.com.br/andretelles.

Referências

BERRIGAN, John e FINKBEINER, Carl. *Marketing de segmentação.* São Paulo: Makron Books, 1994.

CASTELAR, Mario. *O Marketing da Nova Geração.* Rio de Janeiro: Elsevier, 2009.

CAVALLINI, Ricardo. *O Marketing depois de amanhã.* São Paulo: Digerati Books, 2006.

CIPRIANI, Fábio. *Blog Corporativo.* São Paulo: Novatec Editora, 2006.

GABRIEL, Martha. Marketing na Era Digital. São Paulo: Novatec, 2010

GLADWELL, Malcom. *O ponto de desequilíbrio.* Rio de Janeiro: Rocco, 2002.

GODIN, Seth (2001). *Unleashing the ideavirus.* New York: Hyperion, 2001.

JAFFE, Joseph. *O Declínio da Mídia de Massa.* São Paulo: M.Books, 2008.

KOTLER, Philip e KELLER, Kevin. *Administração de Marketing.* São Paulo: Prentice-Hall, 2006 (12ª edição).

LEVINSON, Jay C. *Marketing de guerrilha para o novo milênio*. São Paulo: Saraiva, 1999.
LEVINSON, Jay C. *Excelência no marketing de guerrilha*. São Paulo: Saraiva, 1994.

LIBERT e FAULK, A estratégia de Barack Obama: Campus, 2009.

LIMEIRA, Tânia M. Vidigal. *E-marketing*. São Paulo: Saraiva, 2007.
QUALMAN, Erik. *Socialnomics*, Willey, 2009.

RIES, Al e TROUT, Jack. *Marketing de guerra II, a ação*. São Paulo: Madia e Associados, 1989.
SAFKI, Lon e Brake, David. The Social Media Bible: Willey, 2009.

TELLES, André. *Orkut.com*. São Paulo: Editora Landscape, 2006.

TELLES, André. *Geração Digital*. São Paulo: Editora Landscape, 2006.

WRIGHT, Jeremy. *Blog Marketing*. São Paulo: M.Books, 2008.
ZARELLA, Dan. *The Social Media marketing book*: O' Reilly, 2009.

Sites usados como fontes e referências

http://www.proxxima.com.br
http://www.meioemensagem.com.br
http://www.ideazone.ca
http://www.ibope.com

http://www.cidademarketing.com.br
http://www.administradores.com.br
http://mashable.comhttp://www.brunodesouza.com
http://mashable.com
http://www.blogmidia8.com.br
http://www.revistaw.com.br
http://viralzinhocomfritas.wordpress.com
http://www.mundodomarketing.com.br
http://www.midiatismo.com.br
http://www.midiassociais.blog.br
http:// http://ojornalista.com
http://www.pontomarketing.com.br
http:// http://readwriteweb.com.br/
http://www.socialmediaexaminer.com
http://www.chmkt.com.br
http://www.adnews.com.br
http://www.nuvemseo.net
http://www.techipedia.com
http://www.socialmediaexplorer.com
http://www.facebook.com/advertising/
http://social-media-optimization.com
http://www.techcrunch.com
http://ww.tecnocratadigital.com.br
http://tudosobremarketingdigital.wordpress.com
http://www.webdialogos.com.br